TUDO O QUE VOCÊ PRECISA SABER SOBRE DIREITO MÉDICO

Incluindo as 11 principais resoluções do CFM comentadas de forma sucinta e didática

Priscilla Guimarães Lessa

TUDO O QUE VOCÊ PRECISA SABER SOBRE DIREITO MÉDICO

Incluindo as 11 principais resoluções do CFM

comentadas de forma sucinta e didática

G|Z
EDITORA

Rio de Janeiro
2020

1ª edição - 2020

Presidente do Conselho Editorial
Nelson Nery

Capa
Tiago Preto - Wave Design Studio

Diagramação
Olga Martins

CIP – Brasil. Catalogação-na-fonte.
Sindicato Nacional dos Editores de Livros, RJ.

L632t

Lessa, Priscilla Guimarães

Tudo o que você precisa saber sobre direito médico: incluindo as 11 principais resoluções do CFM comentadas de forma sucinta e didática / Priscilla Guimarães Lessa. - 1. ed. - Rio de Janeiro: GZ, 2020.

120 p.; 23 cm.
Inclui índice
ISBN 978-85-9524-078-0

1. Medicina - Legislação - Brasil. I. Título.

20-64454

CDU: 340.134:61

contato@editoragz.com.br
www.editoragz.com.br

Av. Erasmo Braga, 299 – Sala 202 – 2º andar – Centro
CEP: 20020-000 – Rio de Janeiro – RJ
Tels.: (0XX21) 2240-1406 / 2240-1416 – Fax: (0XX21) 2240-1511

Impresso no Brasil
Printed in Brazil

Aos meus pais Hélder e Fabíola,
aos meus filhos Cadu e Mateus,
ao meu irmão Rafa,
como se dissesse música e mar...
(a) mar...

As minhas primas e amigas-irmãs, Luana, Aninha, Nena, Kamila, Lílian, Marina, Mirian, Martinha, Bia, Lala, Mel, Kal, Neguinha, pela oportunidade de ter vivido momentos felizes e inesquecíveis da minha infância até hoje.

À Mari, que por tantas vezes me ajuda a ser uma pessoa melhor, e que como médica foi a primeira a acreditar no meu potencial como advogada da saúde.

À Joaninha, que me fez vivenciar o poder de que quando você quer se curar e quer ser melhor, não há nada, nem ninguém que te impeça.

À Lisieux pelo ser humano fantástico que é e pela força que tem de me impulsionar.

À Wilsa, minha eterna gratidão pelo pouco que já vivemos e pelo infinito que nos espera.

Ao querido tio Bastinho, médico que cuida tão bem da minha família, e minhas tias e amigas amadas Helenilda, Lara e Flavinha, todo meu amor.

Ao querido Dr. Osvaldo Montinelli, por ter sido meu mestre e mentor e por me honrar com o prefácio desde livro.

Ao querido Dr. Eduardo Dantas, em ter me dado oportunidade de vivenciar o Direito Médico com suas excelentes obras e na prática, quando da minha primeira audiência na área, e por ser tão cordial sempre que preciso.

Aos advogados Dr. Lucas Almeida e Dr. Anderson Barbosa, pelos dias de aprendizado que ficaram cravados no coração, minha gratidão.

À Leda Guerra, que mudou meu jeito de enxergar o mundo, como se dissesse amor...

Aos meus amigos e companheiros de caminhada com Cristo MCC Maceió e ao meu grupinho de oração "Teus Planos", todo meu amor e minhas orações para vocês, que me ajudam a ficar de pé.

A Lúcia, que cuidou de mim quase a vida inteira, por ter me dedicado tanto amor.

Apresentação

Eduardo Dantas[1]

É consenso entre os estudiosos do tema que uma das principais razões para o surgimento de conflitos na relação do médico com seu paciente é a falha na habilidade de manter uma comunicação adequada, gerando dificuldades que não são decorrentes da atividade em si, da técnica aplicada ou da capacidade do profissional em enfrentar o problema a ele apresentado, mas sim da ausência de diálogo, de comunicação, de... empatia!

Não há tempo. A sociedade demanda respostas rápidas, as pessoas buscam soluções pasteurizadas, quase mecânicas, e há pouco espaço para o elemento humano em meio – paradoxalmente – às mais humanas das relações: aquelas desenvolvidas a partir

1 Advogado, inscrito nas Ordens do Brasil e de Portugal; Doutorando em Direito Civil pela Universidade de Coimbra. Mestre em Direito Médico pela University of Glasgow. Bacharel em Direito pela Universidade Federal de Pernambuco. Presidente da Associação Pernambucana de Direito Médico e da Saúde. Ex- Presidente da Comissão de Direito e Saúde da OAB/PE. Fundador e primeiro presidente da Comissão de Direito Médico da OAB/AL. Vice-Presidente da Asociación Latinoamericana de Derecho Médico. Membro fundador e integrante da Comissão Diretiva da ALDIS – Associação Lusófona de Direito da Saúde. Ex Vice-Presidente e membro do Board of Governors da World Association for Medical Law. Membro da Comissão Especial de Direito Médico do Conselho Federal da Ordem dos Advogados do Brasil (Gestões 2013/2015 e 2016/2018). Coordenador pedagógico da Association de Recherche et de Formation en Droit Médical (Toulouse, França). Membro do International Advisory Board do Observatório de Direitos Humanos: Bioética, Saúde e Ambiente, da Universidade de Salerno (Itália). Membro do IBERC – Instituto Brasileiro de Estudos em Responsabilidade Civil.

das vulnerabilidades criadas por perturbações na saúde do paciente, de seus familiares, de pessoas queridas.

Em meio a estas dificuldades, surge todo um arsenal de elementos técnicos, de normas legais, que fogem ao cotidiano do médico, de suas justas preocupações com a atualização, com o gerenciamento de sua carreira, com a superespecialização cada vez mais requerida como um diferencial profissional, sendo necessário encontrar uma forma de familiarizar-se com noções e conceitos jurídicos que não pode ignorar.

E é com o intuito de auxiliar neste diálogo que surge o presente livro, fruto das reflexões de uma jovem – embora já experiente – advogada, militante competente e engajada na área de especialidade que abraçou, que tem como principal mérito a apresentação de temas complexos em linguagem acessível aos "não iniciados" no Direito, com a clara proposta de trazer luz a temas espinhosos, com esclarecimentos práticos, úteis ao cotidiano daqueles que lidam com a Medicina.

Priscilla Lessa apresenta, em breves comentários, uma visão honesta e prática sobre o Direito à Saúde, o Direito Médico, a judicialização decorrente das relações com o paciente, orientando o profissional em questões práticas para garantir-lhe um atuar seguro sob o ponto de vista do gerenciamento do risco legal a que este se encontra exposto em sua atividade, respondendo dúvidas de maneira direta e sem rodeios.

E não poderia ser diferente. A autora deixa transparecer nas linhas adiante escritas o traço humanista de sua personalidade, a preocupação em esclarecer dúvidas, em garantir a todos os atores envolvidos no processo de cuidados de saúde a possibilidade de acesso ao conhecimento das normas incidentes sobre a prática médica, com o intuito de esclarecer e contribuir para uma Medicina melhor.

A intenção da obra é, portanto, plenamente atingida, convertendo-se em um guia rápido de consulta para dirimir receios ainda muito comuns, que vão desde a necessidade de elaboração de termos de consentimento, como agir em situações ocorridas em consultório, que tipo de atitude adotar ao enfrentar um processo ético ou mesmo uma demanda judicial, apresentando uma visão geral sobre a doutrina das responsabilidades ética e civil, seus excludentes, e a visão do poder judiciário a respeito de tais temas.

Em boa hora, o livro que o leitor tem agora em mãos se mostra uma fonte de consulta e um guia prático rumo a uma Medicina mais segura do ponto de vista ético-jurídico, encarando a prevenção (ou se assim preferir o público-alvo desta obra, a profilaxia) como o melhor caminho em direção à segurança, onde ganharão todos: o médico, que cioso de seus direitos e obrigações, passa a agir de maneira mais cuidadosa também neste aspecto; e o paciente, que receberá informações apropriadas, um cuidado diferenciado quanto ao registro de suas escolhas e procedimentos, sendo atendido de maneira mais consciente por um profissional cada vez mais preparado para entender ser hoje imprescindível o bom diálogo entre o Direito e a Medicina.

Meus melhores desejos de sucesso à autora, renovando aqui o que já tive a oportunidade de dizer-lhe em privado, expressando a gratidão pelo convite em apresentar a obra, e a alegria de ver florescer a iniciativa de difundir conhecimento, de maneira altruísta e competente.

Recife, maio de 2020.

Prefácio

Osvaldo Simonelli[1]

Prefaciar a obra de um aluno é uma tarefa árdua, mas ao mesmo tempo gratificante de uma forma indescritível. Dra. Priscilla Guimarães Lessa é advogada, atuante no Direito Médico e, nesta obra "Tudo o que você precisa saber sobre Direito Médico" demonstra ter o domínio da matéria, de forma simples, direta, efetiva e com muito conhecimento.

A relação entre o Direito e a Medicina é complexa. E justamente compreender as vicissitudes da relação entre o médico e o seu paciente é o que marca o advogado que realmente conhece o Direito Médico; a Dra. Priscilla Lessa certamente é um desses poucos profissionais.

A relação entre essas duas profissões é antiga, e se confunde com a própria medicina moderna, a partir de Hipócrates, no século V a.C.

O documento que até os dias atuais é utilizado como juramento simbólico pelos Egressos dos Curso de Medicina possui diversas conexões entre o Direito e a prática médica. Questões como

---

1 Advogado do Conselho Regional de Medicina do Estado de São Paulo. Pós-Graduado em Direito Público e Direito Processo Civil pela Escola Paulista da Magistratura. Mestre em Ciências da Saúde pela Escola Paulista de Medicina – UNIFESP. Certificado pela Harvard Law School. Especialista em Direito Médico. Professor de Pós-Graduação. Palestrante. Coordenador de Cursos na área do Direito Médico e da saúde. Autor de Artigos. Idealizador do Programa de Formação em Direito Médico® e do Instituto Paulista de Direito Médico e da Saúde®.

"segredo profissional", "beneficência", "aborto e eutanásia" e, principalmente, a relação entre o médico e o paciente, já foram disciplinadas por Hipócrates, sempre com um olhar jurídico e médico.

E assim o é até os dias atuais. Direito e Medicina jamais deixarão de caminhar juntos.

A presente obra consegue incursionar de maneira muito efetiva e, principalmente, prática, no ambiente da saúde e do direito, transitando entre o Sistema Único de Saúde, os direitos dos pacientes e os direitos dos médicos.

Além disso, ao relacionar o Direito Administrativo ao Direito Médico o faz de maneira magistral, em um campo em que poucos doutrinadores arriscam caminhar, criando uma conexão de fácil compreensão acerca da ética profissional, sob responsabilidade dos Conselhos de Medicina.

Poder-se-ia dizer que a presente obra, a partir de agora, é essencial aos médicos, advogados, estudantes e todos que, de alguma maneira, se interessam pelo Direito Médico. Contudo, isso ainda não seria suficiente.

Arrisco a dizer que a presente obra, agora, é uma das engrenagens fundamentais para a compreensão do Direito Médico em sua extensão maior: a relação médico paciente como elemento fundamentador do estudo da área.

Sem compreendermos as bases desta relação, de nada adianta estudarmos o Direito, tampouco a Medicina. E, neste quesito, a Dra. Priscilla Lessa conseguiu abordar desde a aplicação do Código de Defesa do Consumidor, a nova relação médico-paciente até as razões pelas quais os processos surgem e como preveni-los.

O que dizer a partir de agora? Que o mundo do Direito Médico se abriu com novas possibilidades a partir desta obra, sob a regência da Dra. Priscilla Lessa.

A nós, do Direito Médico, resta-nos agradecer e reverenciar sua disposição em enfrentar as questões postas com soluções, e não apenas problemas. Ao leitor, minha humilde sugestão: Leia esta obra em vários momentos da sua vida, pois o Direito Médico é dinâmico, talvez não tanto quanto ao seu conteúdo, mas no que se refere à forma como o enxergamos em cada etapa de nossa história, das nossas histórias da vida real.

#porqueodireitomediconaopara

Sobre a autora

Advogada atuante na seara médica e hospitalar em processos judiciais e administrativos; na gestão, prevenção e detecção de problemas em clínicas e consultórios médicos; Escritora; Especialista em Direito Médico pelo Instituto Paulista de Direito Médico e da Saúde – IPDMS; Membro da Comissão de Direito Médico e Saúde da OAB/AL; Pós-graduada em Direito Penal – Faculdade Damásio de Jesus; Ex-Procuradora Municipal AL; Atual palestrante na área de Direito Médico, Saúde e hospitalar.

Índice Sistemático

Capítulo 5
Defesa Médica

Capítulo 6
Resoluções do CFM comentadas

CAPÍTULO 1

Direito à Saúde: Considerações Necessárias

Para o presente estudo, é extremamente necessário que se aborde, ainda que brevemente, alguns conceitos de direito constitucional, direito administrativo, direito da saúde e direito médico, que serão úteis para a compreensão dos assuntos tratados no discorrer desta obra.

1.1. O que é Direito à Saúde? E onde está Disciplinado?

A Constituição Federal promulgada em 1988 trouxe um tratamento absolutamente diferenciado e especial para a Saúde. Foi na Carta Magna que se falou pela primeira vez sobre a criação do SUS – Sistema Único de Saúde. Antes disso, não existia um sistema público que pudesse solucionar os problemas no atendimento da população que salvaguardasse o direito à saúde.

A partir daí foi dado ao Ministério Público[1] o dever de fiscalizar, exigir e de, como órgão constitucionalmente legitimado,

1 Art. 129, CRFB/1988.

atuar em defesa, de forma coletiva para garantir o acesso e o direito à saúde para a população.

Como não poderia ser diferente, o direito à saúde é considerado direito fundamental, isto é, direito de todos e dever do Estado e tem aplicação imediata (art. 5º, §1º)[2].

Para o constitucionalista Pedro Lenza, em seu livro "Curso de Direito Constitucional" [3] o Direito à Saúde é tão fundamental que faria parte do restrito grupo do mínimo existencial para a sociedade:

> *"Por ser indissociável do direito à vida e da dignidade da pessoa humana, o* ***direito à saúde possui um caráter de fundamentalidade*** *que o inclui, não apenas dentre os direitos fundamentais sociais (CF, art. 6.º)*[4]*, mas também no seleto grupo de direitos que* ***compõem o mínimo existencial.*** *" (grifo nosso).*

Então, o direito à saúde é além de direito fundamental, um direito social? Sim, junto com o direito à educação, à alimentação, ao trabalho, a moradia, ao lazer, a segurança, a

2 CRFB/88 - Art. 5º Todos são iguais perante a lei, sem distinção de qualquer natureza, garantindo-se aos brasileiros e aos estrangeiros residentes no País a inviolabilidade do direito à vida, à liberdade, à igualdade, à segurança e à propriedade, nos termos seguintes:
§ 1º As normas definidoras dos direitos e garantias fundamentais têm aplicação imediata.

3 LENZA, Pedro. *Curso de Direito Constitucional.* 13.ª edição. Editora Juspodivm. Página 876.

4 Art. 6º São direitos sociais a educação, a saúde, a alimentação, o trabalho, a moradia, o transporte, o lazer, a segurança, a previdência social, a proteção à maternidade e à infância, a assistência aos desamparados, na forma desta Constituição.

previdência social, proteção à maternidade e à infância e a assistência aos desamparados.

Direitos sociais nada mais são do que direitos que visam garantir aos indivíduos o exercício e usufruto dos direitos fundamentais em condições de igualdade, para que tenham assim uma vida digna por meio da proteção e garantias dadas pelo estado de direito.

São cedidos pelo Estado, que atuará de forma a regulamentá-los, através de prestações positivas, implementando saúde e melhores condições de vida para a população.

Consoante nos ensina José Afonso da Silva,[5] os direitos sociais *"disciplinam situações subjetivas pessoais ou grupais de caráter concreto".*

Encontramos disciplinado o direito à saúde na Constituição Federal de 1988, no capítulo II "Da Seguridade Social", na sessão II, "Da Saúde", nos artigos 196 e 197, observe:

> *Art. 196. A saúde é direito de todos e dever do Estado, garantido mediante políticas sociais e econômicas que visem à redução do risco de doença e de outros agravos e ao acesso universal e igualitário às ações e serviços para sua promoção, proteção e recuperação.*
>
> *Art. 197. São de relevância pública as ações e serviços de saúde, cabendo ao Poder Público dispor, nos termos da lei, sobre sua regulamentação, fiscalização e controle, devendo sua execução ser feita diretamente ou através de terceiros e, também, por pessoa física ou jurídica de direito privado.*

5 SILVA, José Afonso. *Comentário contextual à Constituição.* 5ª edição. Página 183.

1.2. Quem tem Direito à Saúde no Brasil?

O art. 196 da Constituição Federal vigente responde a este questionamento quando diz:

> *"**A saúde é direito de todos** e dever do Estado, garantido mediante políticas sociais e econômicas que visem à redução do risco de doença e de outros agravos e ao acesso universal e igualitário às ações e serviços para sua promoção, proteção e recuperação"*

O que assegura a todos o direito à saúde, é a vedação do preconceito advindo de qualquer origem, raça, sexo, cor, idade e quaisquer outras formas de discriminação que possam ser alegadas. Os estrangeiros, por exemplo, devem ter acesso às prestações básicas na área de saúde em situações graves e urgentes.

Conforme ensina a obra "Judicialização da saúde no Brasil"[6]:

> *"Está expressamente prevista a garantia de acesso universal e igualitário ao sistema de Saúde Pública e que a promoção de Políticas Públicas de prevenção social e econômica são incumbências do Estado, portanto, **caracterizada a omissão do Poder Público, a Judicialização do Direito à Saúde torna-se um instrumento de correção** destas e atribui ao Processo Judicial o grau de locus democrático para uma Cidadania Inclusiva". (grifo nosso).*

6 BORGES, Gustavo. ORSATTO, Silvio Dagoberto. YAMAGUCHI, Cristina Keiko. Judicialização da Saúde no Brasil.

Neste sentido, o direito à saúde abrange os atendimentos, a cobertura, o acesso nos serviços públicos e exprime a ideia de que o Estado tem o dever de prestar este atendimento à toda população brasileira e estrangeiros que precisem, tudo disciplinado no artigo 5º da CF/88, que traduz o princípio da isonomia, também chamado de igualdade e de princípio do acesso universal e igualitário às ações e serviços de saúde.

Qual a definição de política pública sob a ótica dos direitos sociais? São ações governamentais formadas por leis e por atuações administrativas que visam implementar os direitos sociais, por exemplo, construção de hospitais, compra de medicamentos, contratação de médicos. São exemplos de políticas públicas, criação da lei do SUS.

Estão em regra nas mãos do Poder Executivo e Legislativo, já que possuem membros eleitos por nós. Mas o que vem ocorrendo no país é que a sociedade não tem o acesso a saúde que deveria e termina sendo transferida para as mãos do Poder Judiciário.

A constituição de 1988 diz em seu artigo 5º, inciso XXXV: "a lei não excluirá da apreciação do Poder Judiciário lesão ou ameaça a direito". E cada dia mais o tema é judicializado.

O SUS, portanto, é tido como universal, ou seja, não há exclusões, nem exceções, sendo que todos têm direito a um tratamento de saúde garantido pelo Estado, seja qual for a classe social, origem ou raça.

Por ser considerado de extrema importância, o Supremo Tribunal Federal fixou em Recurso Extraordinário[7] a seguinte

7 RE 581.488/RS, Rel. Min. Dias Toffoli, Pleno (03/12/2015).

tese, que traduz a necessidade de se aplicar a igualdade no âmbito do direito à saúde:

> *"É constitucional a regra que veda, no âmbito do Sistema Único de Saúde, a internação em acomodações superiores, bem como o atendimento diferenciado por médico do próprio Sistema Único de Saúde, ou por médico conveniado, mediante o pagamento da diferença dos valores correspondentes".*

Neste diapasão, podemos concluir, que apesar de muito longe do que se deseja e com muito a caminhar para que o SUS se torne modelo para o mundo, a Saúde é sim "direito de todos e dever do Estado".

CAPÍTULO 2

O que o Direito Administrativo tem a ver com Direito Médico?

O conjunto de normas que seguimos no direito médico é trazido pelo direito administrativo brasileiro em diplomas legislativos esparsos que não encontram sistematização em um código geral de validade nacional.

O direito administrativo nos é apresentado através de atos escritos, formais, expedidos por autoridade pública no exercício de funções administrativas e que contém normas individuais ou gerais, abstratas ou concretas, a direcionar a conduta de agentes internos ou externos à Administração Pública. Temos como exemplos: os decretos, resoluções e portarias.

Sendo assim, quando válidas, as normas resultantes dessas fontes vinculam igualmente as entidades de controle, inclusive os juízes em sua tarefa de julgar conflitos administrativos. [1]

No Direito existem três esferas processuais: administrativa, civil e penal. A resolução faz parte da esfera administrativa e é caracterizada como uma espécie de ato administrativo normativo.

---

1 MARRARA, Thiago. Manual de Direito Administrativo. Volume I. 2ª edição. 2020.

Direito administrativo produz um → ato normativo que cria uma → resolução.

O professor Matheus Carvalho, em seu livro Manual de Direito Administrativo[2], define o que seriam atos normativos:

> *"Atos gerais e abstratos que* ***geram obrigações a uma quantidade indeterminada de pessoas, dentro dos limites da lei.*** *O ato normativo enseja a produção de normas gerais, sempre inferiores aos comandos legais, não podendo inovar no ordenamento jurídico. Tais atos são decorrências do poder normativo de estado, editado para fiel execução das leis..." (grifo nosso).*

No processo administrativo não há aplicação de sanções relativas à reparação material, muito menos penas restritivas de liberdade. Então, o que se tem são decisões dos conselhos federais e regionais, seus julgados e resoluções, restringem-se tão somente à esfera administrativo-disciplinar não interferem nos processos de âmbito cível e penal. Caso o médico esteja sendo processado no judiciário, nada impede que esteja também respondendo processo ético administrativo no seu CRM.

2 CARVALHO Matheus. *Manual de Direito Administrativo*. Editora Juspodivm.

2.1. O que acontece se eu, médico, não obedecer as resoluções?

De uma forma bem sucinta já que iremos tratar deste tema nos próximos capítulos, segundo o artigo 22 da lei nº 3.268/57 [3], penas disciplinares aplicáveis pelos Conselhos Regionais aos seus membros como:

a) advertência confidencial em aviso reservado;

b) censura confidencial em aviso reservado;

c) censura pública em publicação oficial;

d) suspensão do exercício profissional até 30 (trinta) dias;

e) cassação do exercício profissional, ad referendum do Conselho Federal.

O preâmbulo do Código de Ética Médica[4] nos traz que:

> *"**A fiscalização do cumprimento das normas estabelecidas neste Código é atribuição dos Conselhos de Medicina, das comissões de ética e dos médicos em geral'**. (grifo nosso).*

Sendo assim, podemos concluir que as resoluções são manifestações de vontade, que partem das autoridades superiores dos órgãos colegiados, para disciplinar matéria de sua competência específica e regulamentar matéria trazida por Lei, portanto, de cumprimento obrigatório pelos que fazem parte da classe médica.

3 LEI Nº 3.268, DE 30 DE SETEMBRO DE 1957 – Dispõe sobre os Conselhos de Medicina, e dá outras providências.

4 Resolução CFM nº 2217 de 27/09/2018.

CAPÍTULO 3

Afinal, o que é o Direito Médico? Como é tratada a nova relação médico-paciente?

Segundo a obra "Direito Médico"[1]:

> *"O Direito Médico trata dos direitos e deveres dos profissionais e instituições de saúde, Poder Público e pacientes relacionados com alguma prestação de serviços de saúde. "*

É um ramo do Direito que vem em crescente ascensão, concentrado em atender as demandas administrativas no caso de sindicância e Procedimento Ético Processual – PEP, que tem trâmite nos Conselhos Regionais e no Conselho Federal, e também demandas judiciais cíveis e/ou penais, todas relacionadas a saúde.

Até a promulgação em 1990, do Código de Defesa do Consumidor[2], (há pouco mais de 30 anos), a relação médico/paciente era regida pelo Código Civil da época. Com o advento

---

1 JÚNIOR, Adriano Menino de Macedo. NOVO, Benigno Núnez. DIREITO MÉDICO.

2 CDC – LEI Nº 8.078, DE 11 DE SETEMBRO DE 1990.

do CDC tudo muda, nasce uma relação entre fornecedor (seja de produtos ou serviços) e consumidor.

O CDC trouxe duas responsabilidades, primeiro, como regra geral, temos a responsabilidade objetiva, ou seja, o fornecedor de produtos tem de reparar os danos/prejuízos causados aos consumidores independentemente da comprovação do dolo ou da culpa.

Como exceção a esta regra, nos termos do art. 14, §4º do CDC[3], trazemos a responsabilidade do profissional liberal, a chamada de ordem subjetiva. Esta, diferencia-se da primeira porque a responsabilidade passa a ser apurada mediante verificação de culpa (negligencia, imprudência e/ou imperícia).

No CDC consideramos que há uma relação de *hipossuficiência* do consumidor em relação ao fornecedor. Logo, o consumidor é carente, inferior diante do fornecedor (a depender da relação).

Veja, para o CDC é presumível que um médico saiba mais da saúde do seu paciente do que ele próprio. Da mesma forma que um mecânico entende mais de mecânica do que seu cliente. Portanto, observando por este ângulo, caso ocorra algo com o paciente ou com o seu carro relacionados a má prática, a "culpa" seria, nos exemplos dados, do médico e do mecânico.

Mas e a responsabilidade subjetiva? Bem, como dito, o artigo 14 do CDC previu que os profissionais liberais se assegu-

3 CDC - Lei nº 8.078, DE 11 DE SETEMBRO DE 1990. Art. 14. § 4° A responsabilidade pessoal dos profissionais liberais será apurada mediante a verificação de culpa.

ram em que, o autor da ação (consumidor) deve provar a culpa para poder responsabilizar aquele.

Diferentemente preceitua o Código Civil Brasileiro[4], observe:

> *"Art. 927. Aquele que, por ato ilícito (art. 186 e 187), causar dano a outrem, fica obrigado a repará-lo.*
>
> *Parágrafo único. Haverá obrigação de reparar o dano, independente de culpa, nos casos específicos em lei, ou quando a atividade normalmente desenvolvida pelo autor do dano implicar, por usa natureza, risco para os direitos de outrem".*

E o que diz a Constituição Federal vigente? Em seu art. 170, V:

> *"A ordem econômica, fundada na valorização do trabalho humano e na livre iniciativa, tem por fim assegurar a todos existência digna, conforme os ditames da justiça social, observados os seguintes princípios:*
>
> *V – defesa do consumidor;"*

E os Tribunais, o que vem decidindo? O Tribunal de Justiça do Estado do Rio Grande do Sul ressalta a exceção supramencionada no texto, conforme previsão do Código de Defesa do Consumidor. Nesse sentido, colaciono:

> *"APELAÇÃO CÍVEL. RESPONSABILIDADE CIVIL. REPARAÇÃO DE DANOS MATERIAIS E MORAIS. ERRO MÉDICO. RELAÇÃO*

4 Código Civil 2002

DE CONSUMO. ***RESPONSABILIDADE CIVIL SUBJETIVA DOS PROFISSIONAIS LIBERAIS.*** *ART. 14, § 4º, DO CDC. Cumpre analisar detidamente o conjunto probatório para aferir se restou evidenciada conduta negligente, imperita ou imprudente imputável ao profissional da medicina, para que possa ser responsabilizado civilmente, face o que prevê o § 4º do art. 14 do CDC. PACIENTE INTERNADO PELO SUS EM HOSPITAL SOB OS CUIDADOS DO MÉDICO RÉU. DOENÇA GRAVE PREEXISTENTE. HIPERTENSÃO PULMONAR – HAP. JÁ HAVIA ABANDONADO ANTERIOR TRATAMENTO NA SANTA CASA DA CAPITAL. PATOLOGIA INCURÁVEL. ALTA HOSPITALAR SEM OPOSIÇÃO DOS FAMILIARES.* ***INEXISTÊNCIA DE NEXO CAUSAL ENTRE O EVENTO FATAL E O ATENDIMENTO DISPENSADO AO FALECIDO PELO MÉDICO DEMANDADO.*** *SOLUÇÃO SENTENCIAL AMPLAMENTE MOTIVADA E AMPARADA NA PROVA PERICIAL. CONCLUSÕES DA PERÍCIA NÃO INFIRMADAS POR OUTROS DADOS DE PROVA.* **O conjunto probatório coligido ao processo não permite concluir tenha havido conduta negligente ou desidiosa do médico** *que atendeu o familiar dos autores, portador de doença grave e incurável, qual seja, hipertensão pulmonar – HAP, que havia abandonado o tratamento específico disponível na Capital do Estado. Inexistência de nexo causal entre o óbito do familiar dos autores e conduta imputável ao facultativo. Sentença de improcedência da ação mantida. APELO DESPROVIDO. (Apelação Cível Nº 70061700860, Nona Câmara Cível, Tribunal de... Justiça do RS, Relator: Miguel Ângelo da Silva, Julgado em 26/08/2015) (TJ-RS – AC: 70061700860 RS, Relator: Miguel Ângelo da Silva, Data de Julgamento: 26/08/2015, Nona Câmara Cível, Data de Publicação: Diário da Justiça do dia 02/09/2015)." (grifo nosso).*

O judiciário tem se baseado no princípio da presunção de veracidade, ou princípio da verossimilhança, que inseriu a presunção, que, em havendo problemas nas relações de consumo, parte-se do pressuposto, ou da ideia pré-constituída, que a acusação de má prática médica, por exemplo, cabe a quem cometeu, e não a quem sofreu.

O médico é que tem que efetuar a prova de ter agido corretamente no procedimento/atendimento que realizou.

A melhor forma de se prevenir, já diria Luiz Carlos Nemetz[5]:

> *"O médico, portanto, necessita sair do seu casulo, para* ***inteirar-se dos seus direitos e aprender as regras básicas do sistema jurídico****, para o fim de saber manejá-las, prevenindo e* ***evitando problemas com seus pacientes****, com a Justiça, com órgãos reguladores das suas atividades (vigilância sanitária, INMETRO, ANS, etc.) e até como autarquia que regula o exercício da sua profissão, que é o Conselho Federal de Medicina". (grifo nosso).*

Trazemos à baila os princípios norteadores do Direito Médico, elencados pela nossa Carta Magna.

Iniciamos com um dos mais absolutos, o princípio da dignidade da pessoa humana. Ele é considerado a base de todos os direitos constitucionais, parte dele um valor moral e religioso intrínseco à pessoa, considerando que cada indivíduo possui sua característica. É o princípio orientador.

5 NEMETZ, Luiz Carlos. Manual de Medicina Defensiva: Os Dez Mandamentos para Evitar Acusações de Má Prática Médica; Como Agir Diante de uma Acusação.

O princípio da igualdade vem junto com o princípio da proibição de qualquer forma de tratamento diferenciado no atendimento ao paciente, é o que dispõe o Art. 23[6]:

> *[É vedado ao médico] Art. 23. Tratar o ser humano sem civilidade ou consideração, desrespeitar sua dignidade ou discriminá-lo de qualquer forma ou sob qualquer pretexto.*

Adentramos no tão comentado nos dias atuais, "Princípio da Autonomia" enseja sobre a capacidade e exercício da liberdade pela qual o indivíduo decidirá por seu próprio querer e pelo o que julga melhor para si. O médico não poderá realizar qualquer cirurgia ou beneficência sem autorização do paciente. Tal princípio é enfatizado com a redação do Art. 22 do Código de Ética Médica[7] quando diz [É vedado ao médico] - "Art. 22. Deixar de obter consentimento do paciente ou de seu representante legal após esclarecê-lo sobre o procedimento a ser realizado, salvo em caso de risco iminente de morte".

3.1. Porque o Direito Médico está crescendo de forma abrupta?

A professora Maria Helena Diniz em sua obra *"O estado atual do biodireito"[8], elenca alguns possíveis motivos para responder esta pergunta*:

---

6 RESOLUÇÃO CFM Nº 2.217/2018 - CEM. Cap. IV, art. 23.

7 Código de Ética Médica - Resolução CFM n° 2.217, de 27 de setembro de 2018, modificada pelas Resoluções CFM nº 2.222/2018 e 2.226/2019

8 DINIZ, Maria Helena. O Estado atual do biodireito.

> "O insucesso médico não tem sido tolerado, em razão dos seguintes fatores concorrentes:
>
> a) utilização da tecnologia, que trouxe enorme desenvolvimento à ciência médica;
>
> b) massificação da medicina, que fez com que a relação médico-paciente tornasse impessoal [...];
>
> f) a pressa do atendimento médico, principalmente em postos do INSS e naqueles dependentes do Poder Público, para diminuir a enorme fila de espera;
>
> g) a crise do atendimento médico pela despersonalização, pois o paciente nem sequer conhece o médico que irá atendê-lo, pelas péssimas condições de trabalho, pela deficiência de equipamentos e escassez de remédios; [...]
>
> h) a especialização, que transforma o médico num técnico altamente adestrado; [...]
>
> k) o mercantilismo desenfreado, que se dá por ato de médico especializado ou por empresa médica comprometida com o lucro [...]. "

Também, vale demonstrar a lição do renomado Médico Legista e Jurista paraibano Genival Veloso de França em sua bela obra *Direito Médico*, que afirma:

> "... a Medicina, principalmente nesses últimos trinta anos, sofreu um extraordinário e vertiginoso progresso, o que obrigou o médico a enfrentar novas situações, muitas delas em sensível conflito com sua formação e com o passado hipocrático. O médico teve sempre como guias sua consciência e uma tradição milenar; porém, dia a dia, surge a necessidade de conciliar esse pensamento e o interesse profissional com as múltiplas exigências da coletividade. " (Forense, 2010)

Como nos ensina Kfouri [9]:

> *"os usuários de serviços médicos, em nossos dias, mesmo aqueles que provêm de camadas sociais menos afortunadas, principiam a ter uma ideia clara de seus direitos, enquanto pacientes".*

As falhas médicas não tem sido toleradas pelos pacientes e a classe médica passou a ficar exposta e vulnerável a processos judiciais e administrativos.

9 NETO, Miguel Kfouri, RESPONSABILIDADE CIVIL DO MÉDICO, 10ª Edição, página 49.

CAPÍTULO 4

O que é considerado erro médico? Quando o médico tem culpa?

O chamado "erro médico" é o dano provocado no paciente pela ação ou omissão do médico, no exercício da profissão, e sem a intenção de cometê-lo.

A conduta deve ser voluntária (não se torna necessária a intenção, basta a vontade de praticar a conduta, partindo da premissa que todo individuo é responsável pelos seus atos), o dano causado deve ter sido injusto e deve haver nexo causal.

A responsabilidade do médico é subjetiva, como já mencionado, ou seja, baseada na culpa *stricto sensu* que tem como escopo: a imperícia, negligência ou imprudência.

A imprudência pressupõe uma ação que foi feita de forma precipitada e sem cautela e zelo necessários que se esperava. O médico sabe fazer a ação da forma correta, mas não toma o devido cuidado para que isso aconteça.

Negligência, por outro lado, ocorre quase sempre por omissão. Quando o médico deixa de fazer algo que deveria ter feito, dando causa ao resultado danoso. Significa agir com descuido, desatenção ou indiferença, sem tomar as devidas precauções.

Já a imperícia consiste em o agente não saber praticar o ato. Ser imperito para uma determinada tarefa é realizá-la sem ter o conhecimento técnico, teórico ou prático necessário para isso.

Então, por exemplo, podemos citar um médico cirurgião que não espera o anestesiologista chegar e aplica a anestesia e o paciente vem a óbito. Analisando o caso:

1. O médico agiu voluntariamente? Sim.
2. O médico era especialista/anestesiologista? Não.
3. Tinha competência para tal? Ainda que fosse superexperiente e bem quisto como cirurgião geral? Não. Agindo assim ele foi imperito.
4. Houve nexo causal? A morte do paciente só aconteceu pela junção dos motivos acima citados? Sim.

A grosso modo, pode-se caracterizar a culpa. Mas, como tudo no direito, em toda regra há exceção.

É de extrema importância mencionar que, não há erro médico, nem culpa, quando o médico na situação, emprega todos os recursos disponíveis na medicina, e ainda assim não obtém o sucesso pretendido. O julgador deve ainda saber diferenciar o resultado de um acidente imprevisível.

4.1. Quais os maiores motivadores de processos judiciais e administrativos contra médico?

O livro "Manual de Medicina Defensiva"[1] nos traz de forma brilhante que:

---

1 NEMETZ, Luiz Carlos. Manual de Medicina Defensiva: Os Dez Mandamentos para Evitar Acusações de Má Prática Médica; Como Agir Diante de uma Acusação.

"Segundo estudos das casuísticas em Direito Médico e da Saúde, os principais motivos que levam a abertura de um processo são:

- *Desinformação, por parte dos consumidores, acerca de dados elementares dos serviços que lhe são prestados;*
- *Deterioração das relações médico-paciente e das relações prestador de serviço de saúde-paciente;*
- *Descuido, por parte dos prestadores de serviços em saúde, com a observância de conceitos elementares relativos a estes serviços;*
- *Confusão, por parte de advogados, consumidores e imprensa entre os conceitos de erro profissional, erro médico, iatrogenia;*

Existência de má-condutas ou de condutas que caracterizam erro profissional, passíveis de serem facilmente evitadas por parte de alguns prestadores de serviços da área de saúde. "

4.2. Como prevenir falhas médicas?

Primeiro o código diz no preambulo que os preceitos contidos vinculam eticamente todos os médicos. Portanto, todos os médicos inscritos no CRM devem observar as normas contidas no código.

As normas emanadas da presente Resolução possuem, portanto, força legal, em tudo aquilo que não conflitem com o ordenamento jurídico vigente.

Clinicas, hospitais, serviços de saúde, laboratório e afins, empresas prestadoras de serviços médicos, planos, assistência privada a saúde, todos devem obedecer aos preceitos do CEM.

Previne-se o médico que adota de forma proativa medidas preventivas que minimizem ou evitem que os danos potenciais se materializem.

A confiança é um elemento essencial ao processo curativo.

Alguns estudos apontam dois principais motivos de resultados médicos que não saíram conforme o que deveria, são eles: a própria literatura médica inexata, e o que mais motiva erros são os comportamentos enraizados entre seus praticantes.

O ideal é trabalhar no segundo motivo: o costume. Trabalhar com práticas que permitam o aprimoramento da identificação das ocorrências mais comuns e criação de mecanismos de controle, permitindo a proteção do profissional, bem como do paciente.

Não havendo qualquer tipicidade culposa ou violação das regras médicas, não haverá imputação.

Assim, caso o consentimento não seja claro e informado, ou caso as ações ultrapassem o limite deste, o médico poderá responder por lesões. (Direito Médico Preventivo, pág. 45)

Não se desconhece, ainda, que o médico possui a liberdade de escolha de métodos de tratamento, seja este majoritário ou não, desde que integre o estado da arte médica. Não se deve, contudo, confundir a autonomia com a pura soberania. A liberdade do profissional é limitada pelo riso à saúde do paciente, devendo esta harmonizar-se com a autonomia da qual aquele é também possuidor.

4.3. Diretor técnico – quando é necessário?

Todo estabelecimento de saúde deve possuir um diretor técnico – ou diretor clinico, que responderá pela entidade a qual esteja vinculado.

Toda empresa que oferecer a regulação de atendimento médico em domicílio por qualquer meio utilizando a internet, aplicativos móveis ou similares deverá estar obrigatoriamente inscrita no CRM da jurisdição onde atuar.

4.4. Médico pode atuar fora do estado que possui CRM?

Os médicos possuem inscrição única, e vinculada a um Estado apenas. Então, podem exercer sua atividade fora daquela circunscrição apenas em situações especiais, e normalmente quando há perigo de morte para o paciente.

Pode o médico atuar temporariamente, mas precisa solicitar ao presidente do CRM, o período é de no máximo 90 dias e só pode executar o que constar no requerimento.

4.5. Sou obrigado a seguir as normas do hospital?

Outra coisa importante, é que o hospital ou a instituição que você trabalha, nenhuma disposição de estatuto, regimento pode tirar a autonomia do médico. O médico é quem decide o melhor caminho, o tratamento mais adequado ao seu paciente. As normas administrativas são necessárias? Claro, mas sem estabelecer padrões para os médicos conduzirem o melhor para seus pacientes.

Bom, isso é regra de convivência para qualquer profissão, e para qualquer pessoa, na verdade. O respeito entre profissionais! É intolerável nos tribunais e no código de ética o desrespeito do médico as demais categorias.

O respeito também está em não praticar concorrência desleal, não denegrir imagem, etc.

Quanto a responsabilização, a do médico sempre será pessoal, nunca presumida. Medico só pode ser responsabilizado se tiver conduta negligente, imperita ou imprudente. De forma alguma admite-se condenação por suposições, opiniões dos conselheiros que participam do julgamento.

Então da mesma forma que o médico é considerado culpado em algumas situações, em outras ele não pode assumir responsabilidade de ato que não tenha praticado ou participado.

CAPÍTULO 5

Defesa médica

Neste capítulo faço breves comentários sobre possíveis práticas judiciais ou administrativas contra médicos e como eu procederia em defesas.

5.1. Fui processado, e agora?

Depois de tudo que já foi explanado sobre a responsabilidade objetiva e subjetiva do CDC em relação ao fornecedor do serviço, chegamos a conclusão que, acaso o paciente/consumidor decida processar o médico/fornecedor, ele deve fazer seguir o CDC e fazer prova dessa má pratica que alega.

Primeiro deve provar que houve relação de consumo – gratuita ou paga – por exemplo, que houve algum procedimento médico. Depois, provar que o profissional de saúde agiu com culpa no seu atuar (foi negligente, imperito ou imprudente). Em seguida, provar que em decorrência desta culpa ocorreu um dano, por exemplo, uma cirurgia que resultou em deformação por imprudência. E por fim, provar que este dano teve correlação com a consequência – o chamado nexo de causalidade.

Resumindo, o autor/paciente tem que mostrar que a relação existiu, que o médico agiu com má prática, que houve consequência deste ato e que a consequência só ocorreu por conta da culpa do médico.

Trago um caso do TJ/DF[1] para fixar mais o entendimento.

Vamos ao caso: O Ministério Público pediu a condenação de médico por Homicídio Culposo por suposto atendimento negligente em pronto-socorro que resultou em óbito. Paciente chegou se queixando de dor no corpo, coriza e febre.

Como se pode observar os sintomas eram inespecíficos, comuns a várias doenças, foi medicado e liberado.

Voltou no outro dia com diarreia e vômitos, houve suspeita de rotavirus e dengue. Foi ALERTADO das medicações que não poderia consumir, e o médico determinou sua internação.

Observe o que havia escrito no prontuário, conforme o acórdão do Tribunal: "RAPAZ SAUDÁVEL, COM PRESSÃO ARTERIAL NORMAL, TEMPERATURA DE 37,5 E EXAME NEUROLÓGICO NORMAL".

Percebe-se que o paciente claramente não fazia parte do grupo de risco que poderia leva-lo a evoluir potencialmente para um óbito em pouco tempo. Ocorre que, em poucos dias ele foi para UTI e faleceu com suspeita de leptospirose.

Por este motivo, o MP alegou falta de exame complementar e disse que o médico agiu com negligencia no atendimento, pedindo a condenação por homicídio culposo.

Agora eu pergunto: houve nexo de causalidade entre a morte do paciente e a conduta do médico?

---

1 Apelação Criminal nº 20070110069748APR

SUPOSTA NEGLIGÊNCIA DO MÉDICO

X

RESULTADO MORTE

O MP alegou que se a vítima tivesse sido submetida a exames complementares poderia ter sido diagnosticada com mais precisão e salva.

Ora, como fazer tal assertiva se nem o exame cadavérico teve resultado conclusivo para leptospirose? Mais ainda, O MP alegou que os medicamentos prescritos teriam mascarado a doença. Pergunto: soro fisiológico, anti-inflamatórios teriam o condão de ter contribuído ou causado a morte da vítima? Não! E assertivamente, o Tribunal negou provimento ao recurso. Veja trecho do acórdão:

> *"Com efeito, não há provas suficientes de que a negligência do acusado no atendimento médico da vítima tenha nexo com o resultado morte, pois o óbito não foi acelerado nem se deu em razão da medicação prescrita, nem tão pouco poderia suspeitar, diante dos sintomas inespecíficos que, naquele momento, a vítima estaria com leptospirose".*

Qual prova maior para o não provimento do recurso? MÉDICO QUE TEVE A POSTURA CORRETA EM DEIXAR TUDO REGISTRADO NO PRONTUÁRIO.

Será essa sempre sua maior defesa: o prontuário médico.

5.2. Como agir diante de uma acusação?

O livro Manual de Medicina Defensiva[2] elencou dez formas para agir diante de uma acusação por má prática médica:

1. Não se assustar;
2. Não se autodefender; autodefender está para o médico como automedicação está para o paciente;
3. O profissional de saúde não deve se iludir, pressupondo que o conselho pode agir de forma "corporativa" ou tendenciosa para com o colega, porque, na pratica, isso não ocorre.
4. Uma prova que traga a inexistência ou existência de um fato, pode ser desprezada se for apresentada fora do prazo previsto por lei, por exemplo.
5. Os conselhos têm agido com rigor em todo o país, utilizando-se de suas prerrogativas de fiscalização.
6. Comparecimento, sempre que solicitado, acompanhado do advogado nos conselhos.
7. Eventual condenação em primeira instancia não é motivo de desespero, haja vista ainda ter recurso pro CFM.
8. Não agir fora da sua especialidade registrada.
9. Não medicar nem prescrever pelo telefone.
10. Conscientizar o paciente da existência de riscos.

2 NEMETZ, Luiz Carlos. Manual de Medicina Defensiva: Os Dez Mandamentos para Evitar Acusações de Má Prática Médica; Como Agir Diante de uma Acusação.

5.3. Paciente pode gravar consulta?

No meu dia a dia como advogada de médicos, tenho me deparado constantemente com indagações e preocupações como: "O paciente filmou a consulta, o que posso fazer para me proteger? É permitido gravar?".

Neste capítulo, tentarei esclarecer, mostrar caminhos possíveis para que o profissional de saúde trabalhe em segurança, bem como tratar sobre a legalidade quanto a possibilidade de gravação ou registro da consulta médica pelo paciente, em áudio e vídeo, por intermédio de dispositivos próprios.

Neste sentido, é válido ressaltar que o Código de Ética Médica não traz previsão proibindo a conduta de gravar consultas, temos como base então, a jurisprudência do STJ que já decidiu que a gravação, por si só, não é um ato ilícito, ainda que seja oculta, ou seja, sem o conhecimento do médico.

Porém, cabe ressaltar que, caso o paciente faça uso indevido dessa gravação no WhatsApp, redes sociais, tv/imprensa, sem que haja autorização prévia do outro interlocutor (no caso, o médico), cabe ação judicial de indenização por violar um dos direitos da personalidade assegurados pela Constituição Federal, os direitos de voz e imagem.

No ponto de vista jurídico, existem caminhos para se trabalhar em segurança. Sugiro ao médico, primeiramente, que tenha em seu consultório um "Termo de preservação de confidencialidade", elaborado por um advogado especialista no direito médico e saúde, onde traria o dever de proteger sua imagem e voz, proibindo qualquer tipo de divulgação e informando as consequências do não cumprimento do termo.

Caso o paciente se recuse em assinar o termo, sugiro que anote no prontuário que a consulta foi gravada, bem como busque uma testemunha, informando que o paciente gravou a consulta e se recusou a assinar.

É importante informar também que é permitido ao médico se recusar a atender, em não sendo uma situação de urgência ou emergência, utilizando-se do § 1º do artigo 36, do CEM:

> § 1º Ocorrendo fatos que, a seu critério, prejudiquem o bom relacionamento com o paciente ou o pleno desempenho profissional, o médico tem o direito de renunciar ao atendimento, desde que comunique previamente ao paciente ou a seu representante legal, assegurando-se da continuidade dos cuidados e fornecendo todas as informações necessárias ao médico que lhe suceder.

Por fim, acredito que uma conversa pacífica pode solucionar quaisquer percalços, até porque a relação médico/paciente é pautada na confiança. E não entendo também como agressão ao profissional a questão de haver ou não gravação, tudo depende do ponto de vista, o médico pode tentar pacificar a insegurança do paciente por intermédio de uma interlocução, e tentar entender as razões pelas quais o paciente pretende gravar a consulta e, caso não solucionado, adotar as indicações feitas acima.

5.3. Posso perder meu CRM? Quem vai me julgar caso cometa infração ética?

Segundo o artigo 2º do Código de Processo Ético-Profissional Médico[3], a competência para apreciar e julgar a in-

3 Resolução nº 2.023/13 do CFM

fração cometida é do CRM da inscrição do médico, ao tempo da ocorrência do fato. Portanto, se o CRM do médico é de Alagoas e ele comete infração em Pernambuco, o julgamento se fará no CRM de Alagoas, haja vista é o local que ele possui inscrição.

A apuração dos fatos pela esfera administrativa (esta que estamos tratando), corre independentemente das responsabilidades penais e civis, ou seja, caso o médico esteja sendo processado no judiciário, nada impede que esteja também respondendo processo ético administrativo no seu CRM.

Tudo se inicia com a abertura da sindicância, que pode ser por iniciativa do próprio CRM ou mediante acusação do paciente. Recebida a denúncia, que tramitará em sigilo processual, o corregedor nomeia conselheiro sindicante para apresentar relatório conclusivo, informando se existe ou não, autoria e materialidade dos fatos apurados.

Após, o médico é citado para, querendo, apresentar sua defesa. Caso não a apresente, o CRM é obrigado a nomear um advogado dativo haja vista ser assegurado o direito de auxílio, entendimento este já consolidado pelo STF, que relativiza a súmula vinculante nº 5. Segundo o professor Behrens, em seu livro[4],

> *"Não se pode fazer uma interpretação alargada da súmula, uma vez que o próprio STF assentou jurisprudência no sentido de que, para apuração de falta grave, é imprescindível a presença da defesa técnica, significando aquela promovida por um advogado."*

4 BEHRENS, Paulo Eduardo. Código de Processo Ético-Profissional Médico Comentado. 2ª edição. Editora Fórum.

Poderão as partes arrolar até 5 (cinco) testemunhas, porém, se o conselheiro instrutor julgar necessário, poderá ouvir outras além das arroladas pelas partes, sempre fundamentando sua decisão. Em seguida, na audiência, são as partes interrogadas separadamente, sem uma ouvir o depoimento da outra.

Segundo o Código de Processo Ético, as penas disciplinares são as seguintes: advertência confidencial em aviso reservado; censura confidencial em aviso reservado; censura pública em publicação oficial; suspensão do exercício profissional até 30 (trinta) dias; cassação do exercício profissional, ad referendum do Conselho Federal. Da decisão que imputou a (s) pena (s), cabe recurso ao CFM.

Explicado o trâmite processual, pode-se perceber o quanto é imprescindível a observância criteriosa da legislação por um advogado especialista na área, para que use de todas as ferramentas disponíveis para a defesa.

5.4. Quais as penalidades administrativas que podem ser aplicadas pelo conselho ao médico pós julgamento no CRM?

Iniciemos ressaltando da importância em saber que os Conselhos Federal e os Conselhos Regionais de Medicina são tidos como autarquias federais, criadas por Lei, logo, dotados de personalidade jurídica de direito público, tendo por tanto autonomia administrativa e financeira. Foram criados com intuito de julgar e disciplinar a classe médica diante de infrações disciplinares, tendo como escopo zelar por todos os meios ao seu alcance e pelo perfeito desempenho ético da medicina, como mesmo traz seu preambulo[5].

Nesta senda, cumpre informar que terá competência para o julgamento em primeira instância o Conselho Regional e, em segunda instância o Conselho Federal. Quanto aos primeiros, conforme o artigo 2º do Código de Processo Ético Profissional (Resolução nº 2.023/13 do CFM), a competência para apreciar e julgar a infração cometida é do CRM da inscrição do médico, ao tempo da ocorrência do fato. Portanto, citando como exemplo, se o CRM do médico é de Alagoas e ele comete infração em Pernambuco, o julgamento se fará no CRM de Alagoas, haja vista é o local que ele possui inscrição. Observe artigo do CPEP:

> *Art. 2º A competência para apreciar e julgar infrações éticas é do Conselho Regional de Medicina que detenha a inscrição do médico, ao tempo da ocorrência do fato punível.*
>
> *§ 1º No caso de a infração ética ter sido cometida em local onde o médico não possua inscrição, a sindicância e a instrução processual serão realizadas onde ocorreu o fato.*

A apuração dos fatos pela esfera administrativa (esta que estamos tratando), corre independentemente das responsabilidades penais e civis, ou seja, caso o médico esteja sendo processado no judiciário, nada impede que esteja também respondendo processo ético administrativo no seu CRM.

---

5 "A fiscalização do cumprimento das normas estabelecidas neste Código é atribuição dos Conselhos de Medicina, das comissões de ética e dos médicos em geral. " Resolução CFM n° 2.217, de 27 de setembro de 2018, modificada pelas Resoluções CFM nº 2.222/2018 e 2.226/2019

Tudo se inicia com a abertura da sindicância, que pode ser por iniciativa do próprio CRM ou mediante acusação do paciente. Recebida a denúncia, que nunca poderá ser anônima, o processo correrá sempre em sigilo.

Os conselheiros são indicados conforme sua reputação ilibada, com inquestionável conduta ética, civil e isenção criminal, são médicos, a quem competirão o julgamento das questões em pauta, bem como a aplicação de penalidades em caso de condenação.

A depender da conclusão do relatório inicial, a sindicância poderá tomar três rumos diferentes, quais sejam:

> a) Ser desde logo **arquivada**, caso não haja evidência de infração ética;
>
> b) Ser proposta **conciliação** ou **termo de ajustamento de conduta - TAC;**
>
> c) Ser **instaurado o processo ético-profissional**, caso haja evidência de que possa ter ocorrido infração ética por parte do médico denunciado.

Em havendo opção pela instauração de processo ético--disciplinar, o médico é citado para, querendo, apresentar sua defesa no prazo de 30 (trinta) dias. Caso não a apresente, o CRM é obrigado a nomear um advogado dativo haja vista ser assegurado o direito de defesa previsto na nossa Carta Magna de 1988.

Este entendimento também já consolidado pelo STF, que relativiza a súmula vinculante nº 5 (A falta de defesa técnica por advogado no processo administrativo disciplinar não ofende a Constituição). Segundo o professor Behrens, em seu livro[1],

> *"não se pode fazer uma interpretação alargada da súmula, uma vez que o próprio STF assentou jurisprudência no sentido de que, para apuração de falta grave, é imprescindível a presença da defesa técnica, significando aquela promovida por um advogado."*

Importante ressaltar que na defesa, como na acusação podem ser arroladas até 5 (cinco) testemunhas, porém, se o conselheiro instrutor julgar necessário, poderá ouvir outras além das arroladas pelas partes, sempre fundamentando sua decisão. As testemunhas que forem arroladas pelo conselheiro instrutor poderão ser ouvidas em qualquer fase da instrução, garantindo-se sempre o contraditório.

Se o médico for intimado a testemunhar e não comparecer ao depoimento sem motivo justificado, ficará sujeito às disposições previstas no CEM, como afirma o artigo 26 e 27 do código em comento.

> **Art. 26.** Se o intimado sendo denunciante, denunciado, salvo revel, ou testemunha, for médico e não comparecer ao depoimento sem motivo justo, ficará sujeito às infrações previstas no Código de Ética Médica.
>
> **Art. 27.** Se o intimado, sendo denunciante ou testemunha, não for médico e não comparecer ao depoimento sem motivo justo, ficará sujeito às sanções previstas em Lei.

Ressalte-se que o julgamento é sigiloso, sendo permitida a presença apenas dos procuradores, das partes e conselheiros, corregedores e funcionários responsáveis como pode-se observar abaixo no artigo 39 abaixo:

> ***Art. 39.*** *O julgamento far-se-á a portas fechadas, sendo permitida apenas a presença das partes e seus procuradores, Assessoria Jurídica dos Conselhos de Medicina, Corregedores e funcionários responsáveis pelo procedimento disciplinar nos Conselhos de Medicina necessários para o bom funcionamento do Tribunal de Ética Médica, até o encerramento da sessão.*

Segundo o artigo 22 da lei nº 3268/57, as penas disciplinares aplicáveis pelos Conselhos Regionais aos seus membros são as seguintes:

> a) advertência confidencial em aviso reservado;
>
> b) censura confidencial em aviso reservado;
>
> c) censura pública em publicação oficial;
>
> d) suspensão do exercício profissional até 30 (trinta) dias;
>
> e) cassação do exercício profissional, ad referendum do Conselho Federal.

Destrinchando as possíveis penas a serem aplicadas, iniciamos com a pena de advertência confidencial em aviso reservado, que se caracteriza como pena privada, onde não resulta nenhuma exposição, publicação do médico infrator, sendo dirigida somente a ele. Como traz o artigo 100 da CPEP, esta advertência será executada em 90 (noventa) dias no prontuário do médico que recebeu a punição.

> ***Art. 100****. A decisão será executada no prazo de 90 (noventa) dias, a partir certificação do trânsito em julgado, sem prejuízo do disposto no art. 116 deste CPEP.*

A segunda pena do rol, mais grave que a anterior, é a pena de censura confidencial em aviso reservado, que também é privativa, não resultando nenhuma publicação oficial, onde a sociedade não terá conhecimento da mesma, porque será dirigida somente a ele. Será executada também em 90 (noventa) dias no prontuário do infrator.

A terceira pena e quarta pena, censura pública em publicação oficial e suspensão do exercício profissional até 30 (trinta) dias, serão públicas e expostas ao conhecimento da sociedade, havendo publicação no DOE ou DOU (Diário Oficial do respectivo Estado ou da União) e publicadas nos jornais de grande circulação e nos sites eletrônicos do CRM, cientificando à sociedade da infração e condenação ética ocorridas, conforme disposto no artigo 101, §2, do CPEP.

> *§ 2º As penas previstas nas letras "c", "d" ou "e", do art. 22, da Lei nº 3.268/1957 serão publicadas no Diário Oficial do Estado, do Distrito Federal ou da União, em jornal de grande circulação, jornais ou boletins e sítio eletrônico do CRM.*

A última e mais grave pena, cassação do exercício profissional da medicina, quando aplicada pelo Conselho Regional de Medicina, posteriormente depende de convalidação do Conselho Federal de Medicina, e, em havendo a cassação, o médico perderá o CRM e não poderá mais exercer a medicina como profissão.

Diante desta situação, podem ser tomadas medidas judiciais, pleiteando a nulidade do ato administrativo, permitindo ao médico que continue exercendo a medicina como profissão até decisão final da justiça.

Como já dito, a pena é pública e o público poderá consultar os sites dos conselhos de medicina para verificar se o CRM do profissional está habilitado. A consulta do CRM mostrará se o registro profissional está ativo ou inativo. O resultado negativo indica que o médico teve o registro temporariamente suspenso ou cassado em definitivo ou que mudou para outro Estado, cancelando o CRM da localidade onde atuava.

É de máxima importância perceber que, diferentemente dos conselhos de classes profissionais, como os de advocacia (OAB), odontologia (CFO), enfermagem (Cofen) somente no Conselho de Medicina o profissional cassado não tem possibilidade de ser reabilitado. Sendo assim, caso um médico que cometa infração ética, tenha seu exercício profissional de medicina cassado e se essa pena for mantida pelo CFM, esse médico jamais poderá exercer a medicina novamente no Brasil.

Trazendo para o Direito Constitucional, há muitos questionamentos se essa pena inconstitucional, por se tratar de forma equiparada de pena perpétua, proibida pela Constituição Federal Brasileira de 1988 em seu artigo 5º, inciso XLVII, alínea *b*, observe:

> *Art. 5º Todos são iguais perante a lei, sem distinção de qualquer natureza, garantindo-se aos brasileiros e aos estrangeiros residentes no País a inviolabilidade do direito à vida, à liberdade, à igualdade, à segurança e à propriedade, nos termos seguintes:*
>
> *(...)*
>
> *XLVII - não haverá penas:*
>
> *(...)*
>
> *b) de caráter perpétuo;*

Há de se esclarecer que o médico com seu exercício médico profissional cassado no Brasil não fica impossibilitado de exercer a medicina em outro país, por exemplo. Caso o médico cassado no Brasil queira exercer sua profissão em outro país, ele apenas terá que revalidar seu diploma, com vista a cumprir as normas do outro país. O que se cassa não é o diploma do médico e sim seu direito de exercer a profissão de medicina.

Explicado o trâmite processual, pode-se perceber o quanto é imprescindível a observância criteriosa da legislação por um advogado especialista na área, para que use de todas as ferramentas disponíveis para a defesa.

Tema que gera muitas dúvidas entre os profissionais de saúde, principalmente quando o assunto envolve possível representação no CRM, bem como ações judiciais.

Em dado publicado, o CNJ informou que entre 2008 e 2017, o número de demandas judiciais relativas à saúde registrou um aumento de 130%, conforme revela a pesquisa "Judicialização da Saúde no Brasil: Perfil das demandas, causas e propostas de solução", e o total de processos judiciais cresceu em 50%.[6]

Com esses dados alarmantes, podemos observar também a falta de advogados qualificados e especialistas na área, haja vista ser um tema relativamente novo.

A doutrina nos ensina que o profissional de saúde tem responsabilidade subjetiva, ou seja, é preciso provar a culpa para que haja responsabilidade. Pensar o contrário seria acreditar que o médico é infalível e comparado a um super-herói. Como

6 https://www.cnj.jus.br/wp-content/uploads/2019/03/66361404dd5ceaf8c5f7049223bdc709.pdf

já dizia Salvador Allende: "Não basta que todos sejam iguais perante a lei. É preciso que a lei seja igual perante a todos".

Nesta senda, cabe ao advogado, ao magistrado e profissionais do direito, perceber a importância da subjetividade de cada caso, bem como de cada especialidade médica. Um clínico geral, por exemplo, deve ser tratado com maior benevolência que um especialista.

Afirma o professor Kfouri Neto, desembargador do Tribunal de Justiça do Paraná em seu livro [7] que "o encargo assumido pelo médico configura obrigação de meio, e só por exceção constituirá obrigação de resultado", sendo assim, quando acontece o inevitável, o médico pode se eximir da responsabilidade, caso tenha agido com prudência, perícia, cuidado e atenção, haja vista que nem sempre o resultado ocorre como esperado, mesmo quando tomado todas as providências técnicas e científicas possíveis.

O Tribunal de Justiça de Minas Gerais em um julgado[8] menciona: "A responsabilidade civil do médico não é presumível, de forma que, se não restar comprovada sua culpa, não deve haver condenação na obrigação de indenizar."

Podemos concluir, que, se a técnica utilizada pelo médico foi semelhante a preconizada em ensinamentos gerais, não houve transgressão de normas técnicas, não podendo este ser responsabilizado por culpa. Por isso, é de suma importância que o advogado seja especialista na área de Direito Médico e Saúde, para que perceba as provas essenciais, com conhecimento dos

7 NETO, Miguel Kfouri, RESPONSABILIDADE CIVIL DO MÉDICO, 10ª Edição, página 103.

8 TJMG, 2ª C. Cív., Ap. nº 0272125-5.

entendimentos firmados pela jurisprudência a fim de eximir de culpa o profissional de saúde.

5.5. Como elaborar um Termo de consentimento informado de forma prática e segura?

Está cada vez mais comum no judiciário e nos conselhos de medicina ações que envolvem supostos erros médicos. Pacientes que, muitas vezes de má fé, e orientados por seus advogados ingressam com ações visando unicamente retorno financeiro.

Para combater este mal, é válido ressaltar que a literatura médica varia e de modo algum se diz absoluta, sendo assim, oriento que é de suma importância dois documentos basilares para a defesa do profissional de saúde: prontuário bem preenchido e termo de consentimento informado individualizado.

O que muitos profissionais de saúde não sabem, é que o termo de consentimento informado não pode definitivamente ser padrão/engessado com igual conteúdo a todos os pacientes, como por exemplo, aqueles que tem apenas os "x" para preenchimento.

Claro, pode e deve haver um "esqueleto" para sua construção, porém, a jurisprudência atual tem entendido que o TCI por menor que seja, mas escrito pelo paciente, tem grande valor probal.

Por saber que a medicina não é uma literatura exata, é que podemos observar que muitas vezes não se caracteriza falha técnica do profissional, mas sim um risco natural da sua ocorrência, por isso a importância de individualizar o TCI.

Também existem os casos em que o próprio paciente não informa corretamente seu histórico, caracterizando má fé e excluindo a responsabilidade do profissional.

A título de curiosidade, posso citar como exemplo, uma sociedade de médicos que o seu contrato estava baseado no Código Civil de 1916, quando o atual é de 2002! Erros assim são mais comuns do que se imagina. Por todo exposto fica claro da importância de procurar um advogado especialista na área, para que todas as providências jurídicas corretas sejam tomadas.

Mais precisamente, na obrigação de o médico prestar ao enfermo, ou a quem o represente, todas as informações possíveis para que esse exerça o seu direito de escolha pelo tratamento ou até mesmo qualquer intervenção cirúrgica, decidindo assim o seu próprio destino.

O Código de Ética Médica diz que o *dever de informação* é dispensável nos casos de urgência, onde o paciente precisa de intervenção imediata (Art. 31); nos demais casos, o enfermo deve ser informado de todos os riscos cirúrgicos ou de qualquer tratamento (Art. 27, § Único; Art. 31), pois cabe a ele decidir sobre a sua saúde e avaliar o risco (Art. 88).

Sendo assim, o documento deve ser escrito em linguagem que o paciente entenda, pois, uma linguagem acessível facilita sua compreensão ajudando-o na tomada de decisão; isso significa que não deve ser escrito em linguagem médica, inacessível ao seu paciente que, regra geral, não é da área.

É de suma importância que o profissional esteja resguardado.

A falha ou a falta de informação pelo médico ao paciente é considerado lesão aos direitos da personalidade do paciente, inadimplemento contratual e assim enseja o dever de reparar o dano. A culpa surge pela falta do dever de informar, sobre a modalidade negligência.

Já que inexiste no ordenamento jurídico brasileiro qualquer norma que imponha o consentimento escrito do paciente, em documento assinado, a regulamentação da relação "médico-paciente" é trazida pelo Código de Defesa do Consumidor segundo o entendimento pacificado.

Importante ressaltar que não se caracterizou falha técnica do profissional, mas sim, risco natural da sua ocorrência, este que poderia ter sido evitado diante da informação, que permitiria que o paciente não se submetesse ao procedimento, sendo assim, o dano indenizável é, na verdade, a violação da autodeterminação do paciente que não pôde escolher livremente submeter-se ou não ao risco previsível.

Se a vítima não informa corretamente seu histórico, o profissional não responde.

5.6. Quais especialidades mais demandadas na justiça?

Quanto à **especialidade médica mais demandada em juízo**, a Sociedade Brasileira de Direito Médico e Bioética – Anadem realizou um estudo, e verificou que a **Ginecologia e Obstetrícia** é a especialidade mais demandada em juízo, seguida pela **Traumato-Ortopedia** e pela **Cirurgia Plástica**. Verifica-se, que 47% dos cirurgiões plásticos no Brasil respondem a algum processo judicial. Além disso, **43% dos médicos demandados em processos foram julgados culpados pelo CRM bandeirante**.

A doutrina diferencia o médico do paciente da seguinte forma: caso seja demandado o médico por erro médico, cabe a ele provar que não houve erro, e não ao paciente provar que ele cometeu. Chama-se de inversão do ônus da prova, trazido pelo CDC.

Regra geral o médico tem obrigação de meio. Diz-se que a obrigação é de meio quando o devedor promete empregar seus conhecimentos, meios técnicos para a obtenção de determinado resultado, sem, no entanto, responsabilizar-se por ele.

Procedimentos estéticos: Tem se observado nos tribunais que a obrigação é de resultado, o médico tem sua culpa presumida. Quando a obrigação é de resultado, o devedor dela se exonera somente quando o fim prometido é alcançado de fato.

Cirurgia mista (estética e reparadora): tem-se obrigação de resultado para a primeira e de meio para a segunda.

5.7. Quando os hospitais/clínicas respondem por "erros médicos"?

– Falha na estrutura do hospital ou da clínica (estadia, equipamentos, instalações) – responsabilidade objetiva;

– Falha do profissional sem vínculo trabalhista – o hospital não tem responsabilidade;

– Falha do profissional com vínculo trabalhista – o hospital responde ainda que não haja culpa da sua parte (responsabilidade solidária);

– SUS responde solidariamente, ainda que o médico não seja empregado público.

5.8. Quais seriam as excludentes da responsabilidade?

1. Caso Fortuito e Força Maior: designam a causa excludente da responsabilidade civil caracterizada pela imputação do dano a um evento imprevisível e/ou inevitável.

2. Fato de terceiro quando o evento causador do dano não decorre de comportamento do médico nem do paciente, mas de pessoa estranha àquela relação. Fato este imprevisível e inevitável.

3. Culpa exclusiva do paciente/vítima: paciente que omite, deixa de informar algo. Deveres atribuídos ao paciente: dever de veracidade e completitude das informações prestadas ao médico (boa-fé) e dever de obediência às orientações do tratamento.

4. Técnica: Ocorre que nenhuma técnica médica, principalmente as operatórias, pode ser considerada absolutamente segura. E aqui não se faz referência apenas ao risco de ineficácia do procedimento, mas ao risco de efetivo dano ao paciente. A caracterização dessa excludente da responsabilidade médica depende, portanto, da inevitabilidade do dano, mas não necessariamente da imprevisibilidade dele;

Exemplos:
Cirurgia oncológica - Processo nº: 0826406-44.2002.8.13.0672.

Após cirurgia para retirada de tumor na glândula parótida direita, apresentou paralisia em decorrência de lesão do nervo facial, com assimetria no fechamento dos olhos e necessidade de duas outras operações. Apesar dos danos experimentados pela paciente, o Tribunal considerou que o procedimento cirúrgico foi corretamente indicado e realizado, tendo alcançado o objetivo de retirada total do tumor, e também que a possível lesão do nervo facial foi uma consequência inevitável da própria operação, que exige a manipulação do referido nervo. Concluiu-se, então, pela "ausência de culpa do réu".

Prostatectomia - Processo nº: 0025208-33.2007.4.04.7100.

O TRF julgou pedido de indenização formulado por paciente submetido a cirurgia de ressecção transuretral de próstata da qual resultou incontinência urinária e disfunção erétil. Entendeu o Tribunal tratar-se de inevitáveis complicações daquele procedimento cirúrgico, constatados pela literatura médica em percentual significativo de casos. Ponderou-se, ainda, que a mera existência do risco não afasta a responsabilidade do médico na hipótese de complicações, mas exige prova de uma ação culposa que as tenha determinado, potencializando o risco. Trata-se, portanto, de fundamentação que acolhe integralmente as características do fato da técnica, como excludente da responsabilidade civil do médico.

5.9. O que o STF entende sobre a prescrição de medicamentos off label?

"A operadora de plano de saúde não pode negar o fornecimento de tratamento prescrito pelo médico sob o pretexto de que a sua utilização em favor do paciente está fora das indicações descritas na bula/manual registrado na ANVISA (uso off-label). STJ. 3ª Turma. REsp 1.721.705-SP, Rel. Min. Nancy Andrighi, julgado em 28/08/2018 (Info 632)."

5.10. A obrigatoriedade de notificar quando suspeitar de violência doméstica:

Se uma mulher for atendida em um hospital, pronto-socorro, posto de saúde, consultório, seja ele público ou privado, e houver indícios ou a certeza de que essa mulher foi vítima de violência doméstica, os profissionais que fizeram o atendimento são obrigados a informar essa circunstância às autoridades competentes.

Segue tabela retirada do site "Dizer o Direito" [9]

Antes da Lei 13.931/2019	Depois da Lei 13.931/2019
A notificação era feita apenas para as autoridades sanitárias e tinha por objetivo subsidiar a elaboração de políticas públicas de combate à violência doméstica. Não havia obrigatoriedade de a Polícia ser notificada.	A notificação agora deve ser feita: • para as autoridades sanitárias; e • para a autoridade policial a fim de que ela tome as providências cabíveis.
Não havia prazo.	Essa notificação para a autoridade policial deverá ocorrer no prazo de até 24 horas.

9 https://www.dizerodireito.com.br/2019/12/lei-139312019-profissionais-de-saude.html

CAPÍTULO 6

Resoluções do CFM comentadas

Neste capítulo, trago as principais resoluções do CFM na minha concepção, e abaixo faço comentários sobre sua eficácia e utilização na medicina e no direito.

6.1. Resolução CFM nº 2.023/2013

(Publicada no D.O.U. de 28 de agosto de 2013, Seção I, p. 83-85) (Modificada pela Resolução CFM n. 2.065/2013) (Modificada pela Resolução CFM nº 2109/2014) Revogada pela Resolução CFM nº 2.145/2016.

> Aprova as normas processuais que regulamentam as sindicâncias, processos ético-profissionais e o rito dos julgamentos nos Conselhos Federal e Regionais de Medicina.

O CONSELHO FEDERAL DE MEDICINA, no uso das atribuições conferidas pela Lei nº 3.268, de 30 de setembro de 1957, regulamentada pelo Decreto nº 44.045, de 19 de julho de 1958, modificado pelo Decreto nº 6.821, de 14 de abril de 2009, e pela Lei nº 11.000, de 15 de dezembro de 2004, e, consubstanciado nas leis nº 6.838, de 29 de outubro de 1980, e nº 9.784, de 29 de janeiro de 1999; e

CONSIDERANDO que as normas do processo ético-profissional devem submeter-se aos dispositivos constitucionais vigentes;

CONSIDERANDO as propostas formuladas pelos Conselhos Regionais de Medicina para a elaboração de revisão do Código de Processo Ético-Profissional;

CONSIDERANDO que os Conselhos de Medicina são ao mesmo tempo julgadores e disciplinadores da classe médica, cabendo-lhes zelar e trabalhar, por todos os meios ao seu alcance, pelo perfeito desempenho ético da medicina e pelo prestígio e bom conceito da profissão e dos que a exerçam legalmente;

CONSIDERANDO o que ficou decidido na sessão plenária de 20 de agosto de 2013,

RESOLVE:

Art. 1º Aprovar o Código de Processo Ético-Profissional anexo, que passa a fazer parte desta resolução.

§ 1º Tornar obrigatória a sua aplicação a todos os Conselhos de Medicina.

§ 2º As normas do novo Código são aplicadas de imediato às sindicâncias e aos processos ético-profissionais em trâmite, sem prejuízo da validade dos atos processuais realizados sob a vigência do Código anterior.

Art. 2º O presente Código entra em vigor na data de sua publicação, revogando a Resolução CFM nº 1.897/09, publicada no D.O.U. de 6 maio de 2009, Seção I, p. 75-77, e demais disposições em contrário.

Brasília-DF, 20 de agosto de 2013.

ROBERTO LUIZ D'AVILA
Presidente

HENRIQUE BATISTA E SILVA
Secretário-geral

COMENTÁRIOS

Segundo o artigo 2º do Código de Processo Ético-Profissional Médico (Resolução nº 2.023/13 do CFM), a competência para apreciar e julgar a infração cometida é do CRM da inscrição do médico, ao tempo da ocorrência do fato. Portanto, se o CRM do médico é de Alagoas e ele comete infração em Pernambuco, o julgamento se fará no CRM de Alagoas, haja vista é o local que ele possui inscrição.

A apuração dos fatos pela esfera administrativa (esta que estamos tratando), corre independentemente das responsabilidades penais e civis, ou seja, caso o médico esteja sendo processado no judiciário, nada impede que esteja também respondendo processo ético administrativo no seu CRM.

Tudo se inicia com a abertura da sindicância, que pode ser por iniciativa do próprio CRM ou mediante acusação do paciente. Recebida a denúncia, que tramitará em sigilo processual, o corregedor nomeia conselheiro sindicante para apresentar relatório conclusivo, informando se existe ou não, autoria e materialidade dos fatos apurados.

Após, o médico é citado para, querendo, apresentar sua defesa. Caso não a apresente, o CRM é obrigado a nomear um advogado dativo haja vista ser assegurado o direito de auxílio, entendimento este já consolidado pelo STF, que relativiza a súmula vinculante nº 5. Segundo o professor Behrens, em seu livro[1]:

> *"não se pode fazer uma interpretação alargada da súmula, uma vez que o próprio STF assentou jurisprudência no sentido de que, para apuração de falta grave, é imprescindível a*

> *presença da defesa técnica, significando aquela promovida por um advogado. "*

Poderão as partes arrolar até 5 testemunhas, porém, se o conselheiro instrutor julgar necessário, poderá ouvir outras além das arroladas pelas partes, sempre fundamentando sua decisão. Em seguida, na audiência, são as partes interrogadas separadamente, sem uma ouvir o depoimento da outra.

Segundo o Código de Processo ético, as penas disciplinares são as seguintes: advertência confidencial em aviso reservado; censura confidencial em aviso reservado; censura pública em publicação oficial; suspensão do exercício profissional até 30 (trinta) dias; cassação do exercício profissional, ad referendum do Conselho Federal. Da decisão que imputou a (s) pena (s), cabe recurso ao CFM.

Explicado o trâmite processual, pode-se perceber o quanto é imprescindível a observância criteriosa da legislação por um advogado especialista na área, para que use de todas as ferramentas disponíveis para a defesa.

6.2. Resolução CFM nº 1.995/2012

(Publicada no D.O.U. de 31 de agosto de 2012, Seção I, pp. 269-70)

> Dispõe sobre as diretivas antecipadas de vontade dos pacientes.

O CONSELHO FEDERAL DE MEDICINA, no uso das atribuições conferidas pela Lei nº 3.268, de 30 de setembro de 1957, regulamentada pelo Decreto nº 44.045, de 19 de julho de 1958, e pela Lei nº 11.000, de 15 de dezembro de 2004, e

CONSIDERANDO a necessidade, bem como a inexistência de regulamentação sobre diretivas antecipadas de vontade do paciente no contexto da ética médica brasileira;

CONSIDERANDO a necessidade de disciplinar a conduta do médico em face das mesmas;

CONSIDERANDO a atual relevância da questão da autonomia do paciente no contexto da relação médico-paciente, bem como sua interface com as diretivas antecipadas de vontade;

CONSIDERANDO que, na prática profissional, os médicos podem defrontar-se com esta situação de ordem ética ainda não prevista nos atuais dispositivos éticos nacionais;

CONSIDERANDO que os novos recursos tecnológicos permitem a adoção de medidas desproporcionais que prolongam o sofrimento do paciente em estado terminal, sem trazer benefícios, e que essas medidas podem ter sido antecipadamente rejeitadas pelo mesmo;

CONSIDERANDO o decidido em reunião plenária de 9 de agosto de 2012,

RESOLVE:

Art. 1º Definir diretivas antecipadas de vontade como o conjunto de desejos, prévia e expressamente manifestados pelo paciente, sobre cuidados e tratamentos que quer, ou não, receber no momento em que estiver incapacitado de expressar, livre e autonomamente, sua vontade.

Art. 2º Nas decisões sobre cuidados e tratamentos de pacientes que se encontram incapazes de comunicar-se, ou de expressar de maneira livre e independente suas vontades, o médico levará em consideração suas diretivas antecipadas de vontade.

§ 1º Caso o paciente tenha designado um representante para tal fim, suas informações serão levadas em consideração pelo médico.

§ 2º O médico deixará de levar em consideração as diretivas antecipadas de vontade do paciente ou representante que, em sua análise, estiverem em desacordo com os preceitos ditados pelo Código de Ética Médica.

§ 3º As diretivas antecipadas do paciente prevalecerão sobre qualquer outro parecer não médico, inclusive sobre os desejos dos familiares.

§ 4º O médico registrará, no prontuário, as diretivas antecipadas de vontade que lhes foram diretamente comunicadas pelo paciente.

§ 5º Não sendo conhecidas as diretivas antecipadas de vontade do paciente, nem havendo representante designado, familiares disponíveis ou falta de consenso entre estes, o médico recorrerá ao Comitê de Bioética da instituição, caso exista, ou, na falta deste, à Comissão de Ética Médica do hospital ou ao Conselho Regional e Federal de Medicina para fundamentar sua decisão sobre conflitos éticos, quando entender esta medida necessária e conveniente.

Art. 3º Esta resolução entra em vigor na data de sua publicação.

Brasília-DF, 9 de agosto de 2012

ROBERTO LUIZ D'AVILA
Presidente

HENRIQUE BATISTA E SILVA
Secretário-geral

COMENTÁRIOS

Notadamente, o número de demandas envolvendo o tema, também chamado de DAV - Diretivas Antecipadas de Vontade, cresceu de forma considerável, expondo o profissional de saúde a dúvidas do que seria o comportamento "ideal" envolvendo estes casos. A partir daí o CFM elaborou esta Resolução, que introduziu no Brasil, as diretivas antecipadas.

Para que possamos compreender esta resolução, faz-se necessário que falemos sobre o Princípio da Autonomia da Vontade do Paciente/Autodeterminação, que é a capacidade inerente ao ato de ser pessoa racional, tão em voga nos dias atuais. Nesta esteira, é imperioso que estejam claros quais valores que fundam a vida do paciente e quais são os seus desejos, minimizando *"as obrigações médicas relacionadas à beneficência (...). O médico, portanto, para reparar essa desintegração, invade licitamente a integridade do paciente, com o seu consentimento."*[1]

A obra "Comentários ao Código de Ética Médica"[2] menciona que este princípio também pode ser observado na Lei de Transplante de Órgãos[3], *"que favorece a escolha do paciente em qualquer situação, prevalecendo inclusive sobre a opinião médica, ao demandar o expresso consentimento do receptor, após aconselhamento sobre os riscos do procedimento de transplante. Significa que, mesmo sob risco iminente de morte, é o paciente*

---

1 NETO, Miguel Kfouri. Responsabilidade Civil do Médico. 10ª Edição. Página 381.

2 DANTAS, Eduardo. COLTRI, Marcos. *Comentários ao Código de Ética Médica.* 3ª edição. Página 75.

3 Lei nº 9.434/1997

quem deve decidir sobre submeter-se ou não aos riscos inerentes ao procedimento".

Em que pese o médico entenda ser mais adequado e indicado um tipo de tratamento ao caso concreto, ou a família se pronuncie de forma contrária a decisão do paciente, prevalece a vontade deste e não se poderá realizar o procedimento de forma coercitiva; é o que nos ensina o artigo 2º, §3º da Resolução.

Caso o paciente prefira, há também a possibilidade de comunicar diretamente ao médico suas vontades, o que deverá ser registrado no prontuário, artigo que gera discussões na doutrina. A Resolução não trata da possibilidade de revogação, porém encontramos nas doutrinas que deve aceita-la a qualquer tempo, até mesmo de forma verbal.

No que tange a Constituição Federal:

> *Art. 5º Todos são iguais perante a lei, sem distinção de qualquer natureza, garantindo-se aos brasileiros e aos estrangeiros residentes no País a inviolabilidade do direito à vida, à liberdade, à igualdade, à segurança e à propriedade, nos termos seguintes:*
>
> *X– São invioláveis a intimidade, a vida privada , a honra e a imagem das pessoas, assegurado o direito à indenização pelo dano material ou moral decorrente de sua violação.*
>
> *XI – A casa é asilo inviolável do indivíduo, ninguém nela podendo penetrar sem consentimento do morador, salvo em caso de flagrante delito ou desastre, ou para prestar socorro, ou durante o dia, por determinação judicial.*

Qual a definição do termo "casa"? Local onde se exerce o animus domicili.

Como se vê, o intuito do inciso X é proteger a intimidade, a privacidade, a honra e a imagem das pessoas, garantindo-lhes o direito à indenização por eventuais danos causados pela violação desses direitos.

Quando um indivíduo tem a sua intimidade, privacidade, honra ou imagem violados, é possível pedir indenização pelos danos materiais e compensação pelos danos morais sofridos. Para isso, é preciso instaurar um processo judicial.

Nesses casos, além de buscar proteção no inciso X do artigo 5º da Constituição, o indivíduo pode embasar o pedido em outras leis nacionais, como a Lei nº 10.406, de 10 de janeiro de 2002, mais conhecida como "Código Civil", que determina que:

> *Art. 12. Pode-se exigir que cesse a ameaça, ou a lesão, a direito da personalidade, e reclamar perdas e danos, sem prejuízo de outras sanções previstas em lei.*
>
> *Art. 21. A vida privada da pessoa natural é inviolável, e o juiz, a requerimento do interessado, adotará as providências necessárias para impedir ou fazer cessar ato contrário a esta norma.*

No mesmo ano, a ONU proclamou a Declaração Universal dos Direitos Humanos, que também visa à garantia desses direitos:

> *Artigo 12. Ninguém será sujeito à interferência na sua vida privada, na sua família, no seu lar ou na sua correspondência, nem a ataque à sua honra e reputação. Todo ser humano tem direito à proteção da lei contra tais interferências ou ataques.*

A intimidade, na concepção jurídica, trata-se de um campo discreto frequentado unicamente pelo interessado. É o espaço em que vai encontrar consigo mesmo, sem qualquer acesso à curiosidade privada. Neste reino pode desfilar tudo que é mais precioso para a pessoa, desde a sua crença religiosa até os segredos mais recônditos, sem qualquer risco de invasões arbitrárias e, principalmente, de se chegar ao conhecimento público porque não há qualquer registro materializado.

6.3. Resolução CFM nº 2.180/2018

(Publicada no D.O.U. de 19 de setembro de 2018, Seção I, p. 128)

Estabelece os dados de médicos que devem ser disponibilizados em consultas eletrônicas relacionadas aos registros dos profissionais médicos inscritos no Sistema Conselhos de Medicina e dá outras providências.

O CONSELHO FEDERAL DE MEDICINA, no uso das atribuições conferidas pela Lei nº 3.268, de 30 de setembro de 1957, alterada pela Lei nº 11.000, de 15 de dezembro de 2004, regulamentada pelo Decreto nº 44.045, de 19 de julho de 1958, e pelo Decreto nº 6.821, de 14 de abril de 2009, e associada à Lei nº 12.842, de 10 de julho de 2013, e ao Decreto nº 8.516, de 10 de setembro de 2015,

CONSIDERANDO as previsões dos artigos 5º, XXXII, e 37, § 3º, II, da Constituição Federal de 1988;

CONSIDERANDO o Despacho CFM nº 94/2014, aprovado pela Diretoria em 18 de março de 2014;

CONSIDERANDO o acesso dos cidadãos a informações públicas, um direito constitucional regulamentado pela Lei Federal nº 12.527/2011;

CONSIDERANDO o que dispõe o artigo 1º da Lei nº 12.527/2011 sobre os procedimentos a serem observados pela União, por estados, Distrito Federal e municípios, com o fim de garantir o acesso a informações previsto no inciso XXXIII do artigo 5º, no inciso II do § 3º do artigo 37 e no § 2º do artigo 216 da Constituição Federal;

CONSIDERANDO o que dispõe o artigo 3º da Lei nº 12.527/2011 sobre procedimentos previstos nesta Lei destinados a assegurar o direito fundamental de acesso à informação, que devem ser executados em conformidade com os princípios básicos da administração pública e com as seguintes diretrizes: I - observância da publicidade como preceito geral e do sigilo como exceção; II - divulgação de informações de interesse público, independentemente de solicitações; III - utilização de meios de comunicação viabilizados pela tecnologia da informação; IV - fomento à cultura de transparência na administração pública; V - desenvolvimento do controle social da administração pública;

CONSIDERANDO, finalmente, o decidido na sessão plenária do Conselho Federal de Medicina realizada em 23 de fevereiro de 2018;

RESOLVE:

Art. 1º Os dados dos médicos a serem disponibilizados para consulta eletrônica serão o nome completo, o número do CRM, Unidade da Federação, o sexo, a data de inscrição, a fotografia, o endereço comercial e o telefone profissional, o tipo de inscrição, a situação da inscrição, especialidades registradas e respectivas áreas de atuação e as informações sobre inscrições em outras unidades da Federação.

Parágrafo único. Aos Conselhos Regionais Medicina incumbe alimentar, eletronicamente, os dados cadastrais a que se refere o caput deste artigo no Cadastro Nacional dos Médicos, mantendo as informações correspondentes constantemente atualizadas.

Art. 2º As informações dos cadastros regionais e nacionais dos médicos serão disponibilizados individualmente para consulta eletrônica pelos Conselhos Federal e Regionais de Medicina em seus meios digitais.

Art. 3º Fica ressalvado o direito do médico de solicitar, excepcionalmente, de forma justificada, a exclusão de sua fotografia à Diretoria do CRM no qual estiver inscrito, que deliberará sobre o pleito, cabendo recursos à Diretoria do CFM.

Art. 4° Esta resolução entra em vigor na data de sua publicação.

Brasília, DF, 23 de fevereiro de 2018.

CARLOS VITAL TAVARES CORRÊA LIMA
Presidente

HENRIQUE BATISTA E SILVA
Secretário-Geral

COMENTÁRIOS

Havia um impasse a respeito do que era permitido ou não colocar no sítio do CFM quanto aos dados dos médicos cadastrados.

Esta resolução foi embasada no princípio da supremacia do interesse público sobre o privado e, o fundamento deste princípio está na razão de que a Administração atua voltada aos interesses da coletividade. Portanto, em havendo conflito entre interesse de um particular e o interesse público, este último deve predominar.

Assim sendo, ficou regulamentado quais os dados deveriam ser disponibilizados para consulta eletrônica pelos Conselhos Federal e Regionais de Medicina, no que se refere aos meios digitais.

Vale ressaltar que se trata de direito constitucional regulamentado pela Lei Federal nº 12.527/2011, que regula o acesso a informações previsto no inciso XXXIII do art. 5º, no inciso II do § 3º do art. 37 e no § 2º do art. 216 da Constituição Federal; altera a Lei nº 8.112, de 11 de dezembro de 1990; revoga a Lei nº 11.111, de 5 de maio de 2005, e dispositivos da Lei nº 8.159, de 8 de janeiro de 1991; e dá outras providências.

6.4. Resolução CFM nº 2.181/2018

(Publicada no D.O.U. em 10 de jul. 2018, Seção I, p. 106)

> Estabelece a ozonioterapia como procedimento experimental, só podendo ser utilizada em experimentação clínica dentro dos protocolos do sistema CEP/Conep.

O CONSELHO FEDERAL DE MEDICINA, no uso das atribuições conferidas pela Lei nº 3.268, de 30 de setembro de 1957, alterada pela Lei nº 11.000, de 15 de dezembro de 2004, regulamentada pelo Decreto nº 44.045, de 19 de julho de 1958, alterado pelo Decreto nº 6.821, de 15 de abril de 2009, e pela Lei nº 12.842, de 10 de julho de 2013;

CONSIDERANDO que o alvo de toda a atenção do médico é a saúde do ser humano, em benefício da qual deverá agir com o máximo de zelo e o melhor de sua capacidade profissional;

CONSIDERANDO que ao médico cabe zelar e trabalhar pelo perfeito desempenho ético da Medicina e pelo prestígio e bom conceito da profissão;

CONSIDERANDO que é dever do médico guardar absoluto respeito pela saúde e vida do ser humano, sendo-lhe vedado realizar atos não consagrados nos meios acadêmicos ou ainda não aceitos pela comunidade científica;

CONSIDERANDO que é vedado ao médico usar experimentalmente qualquer tipo de terapêutica ainda não liberada para uso em nosso país sem a devida autorização dos órgãos competentes e sem o consentimento do paciente ou de seu responsável legal, devidamente informados da situação e das possíveis consequências;

CONSIDERANDO o art. 7º da Lei nº 12.842/2013, segundo o qual "compreende-se entre as competências do Conselho Federal de Medicina editar normas para definir o caráter experimental de procedimentos em Medicina, autorizando ou vedando a sua prática pelos médicos"; e seu parágrafo único, que estabelece que "a competência fiscalizadora dos Conselhos Regionais de Medicina abrange a fiscalização e o controle dos procedimentos especificados no caput, bem como a aplicação das sanções pertinentes em caso de inobservância das normas determinadas pelo Conselho Federal";

CONSIDERANDO a Resolução CFM nº 1.982/2012, que dispõe sobre os critérios de protocolo e avaliação para o reconhecimento de novos procedimentos e terapias médicas pelo Conselho Federal de Medicina;

CONSIDERANDO a aprovação do Parecer CFM nº 9/2018;

CONSIDERANDO, finalmente, o decidido na sessão plenária de 20 de abril de 2018.

RESOLVE:

Art. 1º Considerar a ozonioterapia como procedimento experimental para a prática médica, de acordo com as fundamentações contidas no anexo desta resolução, só podendo ser realizada sob protocolos clínicos de acordo com as normas do sistema CEP/Conep, em instituições devidamente credenciadas.

Art. 2º Esta resolução entra em vigor na data de sua publicação, tendo o seu anexo publicado, na íntegra, no sítio eletrônico www.portalmedico.org.br.

Brasília-DF, 20 de abril de 2018.

CARLOS VITAL TAVARES CORRÊA LIMA
Presidente

HENRIQUE BATISTA E SILVA
Secretário-Geral

COMENTÁRIOS

Diante das diversas solicitações ao CFM para regulamentação da prática de ozonioterapia, decidiu-se nesta Resolução que os médicos permanecem proibidos de prescrever estes procedimentos, salvo em caráter experimental e/ou em pesquisas científicas. O motivo é que a ozonioterapia configura procedimento invasivo, sem comprovação científica quanto à sua segurança e eficácia, sendo classificado como experimental, com elevado grau de incerteza no tocante à eficácia da ausência de benefícios quando comparado a tratamentos já consagrados em uso.

Isto acontece porque a Lei nº 12.842/13, tratou do tema deliberando que é de competência do CFM definir o que se trata de prática experimental ou não, observe:

> *Art. 7º Compreende-se entre as competências do Conselho Federal de Medicina* ***editar normas para definir o caráter experimental de procedimentos em Medicina****, autorizando ou vedando a sua prática pelos médicos. (grifo nosso).*

Assim, o médico que optar em utilizar a prática de ozonioterapia como experimentação clínica, deve se ater aos protocolos do sistema CEP/CONEP [4].

Por fim e não menos importante, é sempre bom lembrar que a ozonioterapia "é um procedimento que consiste na

4 Conselho Nacional de Saúde – https://conselho.saude.gov.br/Web_comissoes/conep/aquivos/conep/atribuicoes.html

aplicação de gases oxigênio e ozônio por diversas vias, como intravenosa ou intramuscular, com objetivo terapêutico. Apesar de praticada em diferentes países, ela ainda carece de garantias de sua eficácia e segurança, as quais não podem ser negligenciadas por profissionais e pacientes"[5].

6.5. Resolução CFM nº 2.184/2018

(Publicada no D.O.U. de 27/08/2018, Seção I, p. 183)

> Aprova normativo de relacionamento institucional qualificado com o Ministério Público.

O CONSELHO FEDERAL DE MEDICINA, no uso das atribuições conferidas pela Lei nº 3.268, de 30 de setembro de 1957, regulamentada pelo Decreto nº 44.045, de 19 de julho de 1958, modificado pelo Decreto nº 6.821, de 14 de abril de 2009, e pela Lei nº 11.000, de 15 de dezembro de 2004, e consubstanciado nas Leis nº 6.838, de 29 de outubro de 1980, e nº 9.784, de 29 de janeiro de 1999;

CONSIDERANDO que as normas do Conselho Federal de Medicina devem submeter-se aos dispositivos constitucionais vigentes, em especial ao artigo 5º, inciso X, da Constituição Federal;

CONSIDERANDO o disposto na Lei nº 12.527, de 18 de novembro de 2011 (Lei de Acesso à Informação);

5 PORTAL CFM - https://portal.cfm.org.br/index.php?option=com_content&view=article&id=27916:cautela-no-uso-da-ozonioterapia&catid=46:artigos&Itemid=18_

CONSIDERANDO que os Conselhos de Medicina são, ao mesmo tempo, julgadores e disciplinadores da classe médica, cabendo-lhes zelar e trabalhar, utilizando todos os meios a seu alcance, pelo perfeito desempenho ético da medicina, pelo prestígio e bom conceito da profissão e dos que a exerçam legalmente;

CONSIDERANDO o estabelecido no Ofício Circular CFM nº 43/2017 e também o dispositivo da sentença proferida na Ação Civil Pública nº 0000570-68.2016.4.01.3101 pelo Juízo da 1ª Vara de Laranjal do Jari; e

CONSIDERANDO o decidido na sessão plenária de 19 de julho de 2018,

RESOLVE:

Art. 1º Determinar aos Conselhos de Medicina o atendimento às solicitações oriundas do Ministério Público para entrega de documentos relativos ao andamento processual e cópias de sindicâncias e processos ético-profissionais, resguardados os documentos referentes à privacidade e à intimidade das pessoas, em decorrência da relação médico-paciente, e que se encontrem inseridos nos prontuários médicos.

Art. 2º Esta resolução entra em vigor na data de sua publicação.

Brasília, 19 de julho de 2018.

CARLOS VITAL TAVARES CORRÊA LIMA
Presidente

HENRIQUE BATISTA E SILVA
Secretário-geral

COMENTÁRIOS

Ocorria que o Ministério Público, nas suas atribuições, fazia a solicitação aos Conselhos Regionais de Medicina de documentos que constavam em sindicâncias e processos ético-profissionais (PEP) para dar andamento as investigações ou processos judiciais e havia dúvida quanto a legalidade deste fornecimento por parte dos Conselhos, haja vista se tratar, boa parte, de documentos sigilosos.

Caracterizava um grande impasse entre o que seria o delito de quebra de sigilo e o que seria desobediência a instituição (no caso do não fornecimento). A resolução toma por base a Ação Civil Pública nº 0000570-68.2016.4.01.3101[6] e define que o CRM, quando requisitado, deve atender as solicitações oriundas do Ministério Público, por ser considerada entidade permanente e essencial à função jurisdicional do Estado (art. 127 da CF/88)[7], resguardando os documentos referentes à privacidade e à intimidade das pessoas.

6 (...) "condenar o CONSELHO REGIONAL DE MEDICINA DO ESTADO DO AMAPÁ à obrigação de atender às requisições formuladas pelo Ministério Público, enviando-lhe informações e cópia dos procedimentos instaurados pelo CRM/AP para apurar a conduta de profissionais médicos sob sua responsabilidade, bem como para condenar o CONSELHO FEDERAL DE MEDICINA e o CONSELHO REGIONAL DE MEDICINA DO ESTADO DO AMAPÁ à obrigação de fazer incluir em seus normativos, no prazo de 90 (noventa) dias, menção ao Ministério Público como uma das entidades a quem se deve responder requisições de informações e de traslado de documentos, especialmente no tocante a procedimentos de apuração de conduta de profissionais".

7 CRFB/88 – Art. 127. O Ministério Público é instituição permanente, essencial à função jurisdicional do Estado, incumbindo-lhe a defesa da ordem jurídica, do regime democrático e dos interesses sociais e individuais indisponíveis.

Segundo o Desembargador Dr. Miguel Kfouri Neto em sua obra "Responsabilidade Civil do Médico" [8], existem duas correntes relativas ao tema sigilo médico, e, ao meu ver a desavença provavelmente seria por este motivo. Havia possibilidade de se filiar e seguir correntes que caminhavam em sentidos opostos.

Voltando ao Ministério Público, com a promulgação da Lei Complementar de nº 40/1981 fora determinada algumas atribuições, dentre as quais, o artigo 15 nos traz: [São atribuições dos membros do Ministério Público]: IV – **requisitar informações, resguardando o direito de sigilo**. (grifo nosso).

É importante trazer à baila que, para chegar a esta conclusão, o CFM levou em consideração a relação médico-paciente. Sabemos que o Código de Ética Médica[9], mais precisamente em seu artigo 73, estabelece que *"é vedado ao médico revelar fato de que tenha conhecimento em virtude do exercício de sua profissão, salvo por motivo justo, dever legal ou consentimento escrito do paciente"*. Sendo assim, deve haver cautela no fornecimento, somente podendo disponibilizar dado que não esteja relacionado à intimidade dos pacientes.

Podemos concluir com a decisão cautelosa da Suprema Corte[10], que nos ensina:

---

8 *"Basicamente, existem duas correntes em tema de segredo médico: a absolutista, que considera o dever de sigilo questão de ordem pública, não se admitindo revelação; e a relativista, que aceita o sigilo médico relativo, que poderá ceder, diante de valores jurídicos, éticos, morais e sociais de relevo. "* NETO, Miguel Kfouri. *Responsabilidade Civil do Médico.* 10ª Edição. Revista dos Tribunais. Página 248.

9 Res. 1.931, de 24/09/2009

10 RTJ 101/676

"o sigilo médico, embora não tenha caráter absoluto, deve ser tratado com a maior delicadeza, só podendo ser quebrado em hipóteses muitos especiais; tratando-se de investigação de crime, sua revelação deve ser feita em termos, ressalvando-se os interesses do cliente, pois o médico não pode tornar-se um delator de seu paciente".

Em assim sendo, o fornecimento por parte do CRM de documentos solicitados pelo MP, desde que resguardados aqueles relativos à privacidade e à intimidade das pessoas, não configura quebra do sigilo médico-paciente.

6.6. Resolução CFM Nº 2.235/2019

(Publicada no D.O.U. de 01 de outubro de 2019, Seção I, p. 76)

> Os exames realizados em serviços médicos devem ser acompanhados dos respectivos laudos. A responsabilidade pela execução e pelos laudos destes exames pode ser assumida por diferentes médicos.

O CONSELHO FEDERAL DE MEDICINA, no uso das atribuições conferidas pela Lei nº 3.268, de 30 de setembro de 1957, regulamentada pelo Decreto nº 44.045, de 19 de julho de 1958, modificado pelo Decreto nº 6.821, de 14 de abril de 2009 e pela Lei nº 11.000, de 15 de dezembro de 2004, e consubstanciado na Lei nº 6.828, de 29 de outubro de 1980, e na Lei nº 9.784, de 29 de janeiro de 1999, e

CONSIDERANDO que cabe ao Conselho Federal de Medicina disciplinar o exercício profissional médico e zelar pela boa prática médica no país;

CONSIDERANDO que exames médicos complementares a avaliações clínicas se destinam a auxiliar os médicos requisitantes na elaboração de diagnóstico, acompanhamento de processos patológicos e observação de resultados terapêuticos;

CONSIDERANDO a Resolução CFM nº 1.361/1992, que determina que a execução e interpretação de exames de ultrassom são de competência exclusiva de médico;

CONSIDERANDO que os resultados dos exames devem ser descritos minuciosamente, de modo a contribuir na busca de alcançar o fim para o qual foram solicitados;

CONSIDERANDO que todo exame deve ser realizado sob supervisão de médico;

CONSIDERANDO que todo exame deve ser acompanhado de laudo ou parecer emitido por um médico;

CONSIDERANDO, finalmente, o decidido em sessão plenária do Conselho Federal de Medicina realizada em 15 de agosto de 2019.

RESOLVE:

Art. 1º Determinar que exames de serviços médicos de patologia clínica, patologia, radiologia e diagnóstico por imagem, medicina nuclear, eletrofisiologia, genética, hematologia e hemoterapia e citopatologia sejam realizados sob a responsabilidade de médico devidamente registrado no CRM de jurisdição da origem de sua execução. Parágrafo único. O médico que realizar exame TLR (teste laboratorial remoto) em seu local de trabalho deverá se responsabilizar pelo respectivo laudo.

Art. 2º Os resultados destes exames devem ser fornecidos sob a forma de pareceres ou laudos emitidos por médicos, com registro no CRM da sua jurisdição e cadastrados nos respectivos serviços.

Art. 3º Não há obrigatoriedade de que o médico responsável pela realização do exame também emita o respectivo laudo, podendo ocorrer com diferentes médicos. Parágrafo único. Constituem exceção os exames realizados por médico com emprego de ultrassom, os endoscópicos e os procedimentos intervencionistas, nos quais o mesmo médico responsável pela sua realização deverá emitir o respectivo laudo.

Art. 4º Os laudos emitidos devem conter, quando indicado, a descrição da técnica utilizada, uma parte expositiva e outra conclusiva.

Art. 5º O laudo fornecido é de exclusiva competência do médico responsável por sua emissão. Parágrafo único. O laudo de exame especializado deve ser emitido por médico com registro de qualificação de especialista no CRM, na respectiva área.

Art. 6º Fica revogada a Resolução CFM nº 813, publicada no D.O.U., Seção I - Parte II, de 14 de dezembro de 1977.

Art. 7º Esta resolução entra em vigência na data de sua publicação no D.O.U.

Brasília-DF, 15 de agosto de 2019.

CARLOS VITAL TAVARES CORRÊA LIMA
Presidente

HENRIQUE BATISTA E SILVA
Secretário-Geral

COMENTÁRIOS

Muito se fala sobre a perícia médica judicial como prova de valor absoluto no processo, pensamento equivocado, uma vez que ao magistrado que cabe o julgamento do caso, baseado no princípio do livre convencimento.

Se a perícia fosse prova cabal, acabaria em o médico perito se tornando o verdadeiro juiz da causa. Tudo deve ser relativizado quando se trata da vida humana, são casos totalmente subjetivos, e a prova pericial pode apresentar defeitos, como qualquer outro meio de prova.

Incumbe ao juiz avaliar se deve ou não acatar o laudo, examinando-lhe a fundamentação, sua força persuasiva e suas conclusões.

O Prof. João Batista Lopes[1] tem como lição:

> *"Convém repetir que, salvo casos excepcionais (ex.: art. 366), todas as provas têm valor relativo, inclusive a pericial".*

Partindo desse pressuposto da subjetividade, nos mostra o Prof. Desembargador Kfouri[2]:

> *"Os médicos dizem que não há doenças, há doentes; porquanto dois pacientes, acometidos do mesmo mal e tratados de modo idêntico, podem apresentar reações absolutamente distintas à terapia: num caso a cura, noutro o agravamento da enfermidade e, até, a morte".*

Nesta senda, de acordo com o já citado princípio do livre convencimento, o juiz poderá desprezar as conclusões do laudo, baseando-se em outras provas de maior persuasão, haja vista ele é o *peritus peritorum,* ou seja, o verdadeiro julgador da causa.

Para concluir, ressalto que, apesar de não ser prova incontroversa, como já tratamos alhures, não o faz ser prova menos importante, cabendo ao advogado especialista no assunto elaborar os quesitos a serem respondidos pelo médico perito, que podem ser decisivos para a exclusão da responsabilidade civil e penal do médico no processo, a depender do valor probatório dado ao laudo nos autos.

6.7. Resolução CFM Nº 2.230/2019

(Publicada no D.O.U. de 18 de abril de 2019, seção I, p. 183)

> Regulamenta a vedação à gravação de imagens e sons nos atos processuais, incluindo audiências e sessões de julgamento, em processos ético profissionais e sindicâncias, em atenção ao sigilo a que se submetem.

O CONSELHO FEDERAL DE MEDICINA, no uso das atribuições conferidas pela Lei nº 3.268, de 30 de setembro de 1957, alterada pela Lei nº 11.000, de 15 de dezembro de 2004, regulamentada pelo Decreto nº 44.045, de 19 de julho de 1958, e

CONSIDERANDO o disposto nos artigos 1º e 2º da Lei nº 3.268/1957, os quais assinalam que os Conselhos de Medicina são autarquias federais, tendo como atribuição precípua a supervisão da ética profissional em toda a República, e, ao mesmo tempo, julgadores e disciplinadores da classe médica, cabendo-lhes zelar e trabalhar, por todos os meios ao seu alcance, pelo perfeito desempenho ético na medicina, assim como pelo prestígio e bom conceito da profissão e dos que a exerçam legalmente;

CONSIDERANDO o disposto no artigo 5º da Lei nº 3.268/1957, que dispõe que são atribuições do Conselho Federal, dentre outras: organizar o seu regimento interno (alínea "a") e expedir as instruções necessárias ao bom funcionamento dos Conselhos Regionais (alínea "b");

CONSIDERANDO o disposto no artigo 1º do Código de Processo Ético-Processual (Resolução CFM nº 2.145/2016), o qual determina que os processos ético-profissionais e sindicâncias em curso perante os Conselhos Regionais de Medicina (CRM) e o Conselho Federal de Medicina (CFM) tramitarão em sigilo profissional;

CONSIDERANDO que o sigilo profissional visa à garantia e à proteção da intimidade, da vida privada, da honra e da imagem das pessoas envolvidas, sobretudo aos pacientes, em aquiescência à proteção constitucional insculpida no artigo 5º, inciso X, da Constituição Federal de 1988, e em consonância ao inciso XIV do mesmo disposto constitucional, que garante o resguardo ao sigilo quando necessário ao exercício profissional. Outrossim, em vista à natureza das matérias tratadas nos procedimentos ético-profissionais médicos;

CONSIDERANDO ainda a inaplicabilidade, ao caso, da Lei de Acesso à Informação (Lei nº 12.527/2011), conforme disposto em seu artigo 22, o qual exclui expressamente das disposições daquele diploma normativo as demais hipóteses legais de sigilo e de segredo de justiça;

CONSIDERANDO, finalmente, o decidido em reunião plenária do CFM realizada em 21 de março de 2019,

RESOLVE:

ART. 1º É vedada a utilização, pelas partes, de equipamentos de gravação de som e imagem em todos os atos processuais, inclusive audiências e sessões de julgamento, ocorridas no bojo de sindicâncias e processos ético-profissionais.

ART. 2º Esta resolução entra em vigor na data de sua publicação.

Brasília, DF, 21 de março 2019.

CARLOS VITAL TAVARES CORRÊA LIMA
Presidente

HENRIQUE BATISTA E SILVA
Secretário-geral

COMENTÁRIOS

O que se leva em conta nesta Resolução é a possibilidade, de durante os julgamentos de Sindicâncias e PEP – processos ético-profissionais, haver gravação por qualquer meio de som e imagem, haja vista o sigilo resguardado durante todo trâmite.

Havia um impasse em reação ao direito à intimidade dos pacientes, às informações sobre suas vidas pessoais, além da integridade física e moral. Também havia possibilidade de má utilização de tais registros e da publicidade indevida de dados e informações submetidos à confidencialidade para interesses particulares.

E por outro lado, a necessidade de se respeitar os princípios que norteiam o Código de Ética Médica no tocante ao sigilo profissional que envolve a atividade médica.

Assim, entendeu o CFM ser necessário regulamentar esta possibilidade, a fim de sanar as dúvidas, ficando decidido pela vedação ao uso de equipamentos de gravação de som e imagem, pelas partes.

6.8. Resolução CFM Nº 2.232/2019

(Publicada no D.O.U. de 16 de setembro de 2019, Seção I, p. 113-4)

> Estabelece normas éticas para a recusa terapêutica por pacientes e objeção de consciência na relação médico-paciente.

O CONSELHO FEDERAL DE MEDICINA, no uso das atribuições conferidas pela Lei nº3.268, de 30 de setembro de 1957, alterada pela Lei nº11.000, de 15 de dezembro de 2004, e regulamentada pelo Decreto nº44.045, de 19 de julho de 1958, e pela Lei nº12.842, de 10 de julho de 2013,

CONSIDERANDO que a Constituição Federal (CF) elegeu a dignidade da pessoa humana como um dos fundamentos da República;

CONSIDERANDO o Código Penal (Decreto-Lei nº2.848, de 7 de dezembro de 1940), em especial o inciso I do § 3º do art. 146, que exclui a tipicidade da conduta nos casos de intervenção médica sem o consentimento do paciente, se justificada por iminente perigo de morte;

CONSIDERANDO o disposto no Código Civil (Lei nº10.406, de 10 de janeiro de 2012) em relação à capacidade civil, à autonomia do paciente e ao abuso de direito;

CONSIDERANDO o Estatuto da Criança e do Adolescente (Lei nº8.069, de 13 de julho de 1990);

CONSIDERANDO que a Lei nº10.216, de 6 de abril de 2001, assegura direitos e proteção a pessoas com transtorno mental e autoriza sua internação e tratamento involuntários ou compulsórios;

CONSIDERANDO o normatizado pelo Código de Ética Médica em relação aos direitos e deveres dos médicos e a autonomia dos pacientes;

CONSIDERANDO a Resolução CFMnº1.995/2012, que dispõe sobre as diretivas antecipadas de vontade;

CONSIDERANDO que os Conselhos de Medicina são, ao mesmo tempo, julgadores e disciplinadores da classe médica, cabendo a eles zelar e trabalhar, com todos os meios a seu alcance, pelo perfeito desempenho ético da medicina, pelo prestígio e pelo bom conceito da profissão e dos que a exercem legalmente; e

CONSIDERANDO o decidido na sessão plenária de 17 de julho de 2019, RESOLVE:

Art. 1º A recusa terapêutica é, nos termos da legislação vigente e na forma desta Resolução, um direito do paciente a ser respeitado pelo médico, desde que esse o informe dos riscos e das consequências previsíveis de sua decisão.

Art. 2º É assegurado ao paciente maior de idade, capaz, lúcido, orientado e consciente, no momento da decisão, o direito de recusa à terapêutica proposta em tratamento eletivo, de acordo com a legislação vigente.

Parágrafo único. O médico, diante da recusa terapêutica do paciente, pode propor outro tratamento quando disponível.

ART. 3º Em situações de risco relevante à saúde, o médico não deve aceitar a recusa terapêutica de paciente menor de idade ou de adulto que não esteja no pleno uso de suas faculdades mentais, independentemente de estarem representados ou assistidos por terceiros.

ART. 4º Em caso de discordância insuperável entre o médico e o representante legal, assistente legal ou familiares do paciente menor ou incapaz quanto à terapêutica proposta, o médico deve comunicar o fato às autoridades competentes (Ministério Público, Polícia, Conselho Tutelar etc.), visando o melhor interesse do paciente.

ART. 5º A recusa terapêutica não deve ser aceita pelo médico quando caracterizar abuso de direito.§ 1º Caracteriza abuso de direito:I –A recusa terapêutica que coloque em risco a saúde de terceiros. II –A recusa terapêutica ao tratamento de doença transmissível ou de qualquer outra condição semelhante que exponha a população a risco de contaminação.

§ 2º A recusa terapêutica manifestada por gestante deve ser analisada na perspectiva do binômio mãe/feto, podendo o ato de vontade da mãe caracterizar abuso de direito dela em relação ao feto.(artigo suspenso conforme decisão judicial –Processo nº 5021263-50.2019.4.03.6100 –TRF 3º Região)

ART. 6º O médico assistente em estabelecimento de saúde, ao rejeitar a recusa terapêutica do paciente, na forma prevista nos artigos 3º e 4º desta Resolução, deverá registrar o fato no prontuário e comunicá-lo ao diretor técnico para que este tome as providências necessárias perante as autoridades competentes, visando assegurar o tratamento proposto.(artigo suspenso parcialmente somente em relação a assistência e atendimento ao parto conforme decisão judicial –Processo nº 5021263-50.2019.4.03.6100 –TRF 3º Região)

Art. 7º É direito do médico a objeção de consciência diante da recusa terapêutica do paciente.

Art. 8º Objeção de consciência é o direito do médico de se abster do atendimento diante da recusa terapêutica do paciente, não realizando atos médicos que, embora permitidos por lei, sejam contrários aos ditames de sua consciência.

Art. 9º A interrupção da relação do médico com o paciente por objeção de consciência impõe ao médico o dever de comunicar o fato ao diretor técnico do estabelecimento de saúde, visando garantir a continuidade da assistência por outro médico,dentro de suas competências.

Parágrafo único. Em caso de assistência prestada em consultório, fora de estabelecimento de saúde, o médico deve registrar no prontuário a interrupção da relação com o paciente por objeção de consciência, dando ciência a ele, por escrito, e podendo, a seu critério, comunicar o fato ao Conselho Regional de Medicina. Na ausência de outro médico, em casos de urgência e emergência e quando a recusa terapêutica trouxer danos previsíveis à saúde do paciente, a relação com ele não pode ser interrompida por objeção de consciência, devendo o médico adotar o tratamento indicado, independentemente da recusa terapêutica do paciente.(artigo suspenso parcialmente somente em relação a assistência e atendimento ao parto conforme decisão judicial –Processo nº 5021263-50.2019.4.03.6100 – TRF 3º Região)

Art. 11. Em situações de urgência e emergência que caracterizarem iminente perigo de morte, o médico deve adotar todas as medidas necessárias e reconhecidas para preservar a vida do paciente, independentemente da recusa terapêutica.

Art. 12. A recusa terapêutica regulamentada nesta Resolução deve ser prestada, preferencialmente, por escrito e perante duas testemunhas quando a falta do tratamento recusado expuser o paciente a perigo de morte.

Parágrafo único. São admitidos outros meios de registro da recusa terapêutica quando o paciente não puder prestá-la por escrito, desde que o meio empregado, incluindo tecnologia com áudio e vídeo, permita sua preservação e inserção no respectivo prontuário.

Art. 13. Não tipifica infração ética de qualquer natureza, inclusive omissiva, o acolhimento, pelo médico, da recusa terapêutica prestada na forma prevista nesta Resolução.

Art. 14. Revoga-se a Resolução CFM nº1.021/1980, publicada no D.O.U. de 22 de outubro de 1980, seção I, parte II.Art. 15. Esta Resolução entra em vigor na data de sua publicação.

Brasília, DF, 17 de julho de 2019.

CARLOS VITAL TAVARES CORRÊA LIMA
Presidente

HENRIQUE BATISTA E SILVA
Secretário-geral

COMENTÁRIOS

Esta resolução é uma das que mais traz ensinamentos por falar em diversos deveres e princípios que devem ser seguidos no direito médico e saúde, a começar pelo direito à informação e autonomia do paciente, um dos pilares do Código de Ética Médica e tão em voga nos dias atuais.

Como nos ensina o livro Comentários ao Código de Ética Médica[11], quando trata do artigo 22:

> *"Isso porque o paciente somente conseguirá exercer o seu direito à autonomia se tiver recebido a melhor e mais completa informação sobre o caso. Na hipótese da informação ser defeituosa, a autonomia do paciente estará comprometida.*
>
> *Assim, o consentimento do paciente só será válido, ao ponto de permitir o efetivo exercício de sua autonomia, se as informações e os esclarecimentos dados pelo profissional forem adequados. "*

O que o médico precisa informar ao paciente para que este dever de informação se consume?

- O quadro que o paciente se encontra;
- As opções de possíveis procedimentos que possam vir a ser realizados;
- As consequências dos procedimentos;
- Os possíveis benefícios em caso de realização dos procedimentos;

11 DANTAS, Eduardo. COLTRI, Marcos. COMENTÁRIOS AO CÓDIGO DE ÉTICA MÉDICA, 3ª edição, p. 167.

> • Os riscos inerentes a não realização dos procedimentos;
>
> Muito importante ressaltar também que o médico, ao invés de explicar o quadro do paciente falando que ele está acometido de "escabiose" por exemplo, utilize o nome mais comum, que seria "sarna", para assim não deixar dúvidas do quadro, nem das possibilidades do tratamento. Claro, a linguagem deve ser apropriada ao paciente, ao destinatário da mensagem.

Após todo esclarecimento, o médico deve dar oportunidade ao paciente de fazer todas as perguntas que achar pertinente. Este diálogo é essencial para que não haja futura ação judicial, como já falamos durante o livro.

Oriento ainda, que ao concluírem este diálogo, os médicos escrevam no prontuário que o paciente *"foi orientado detalhadamente sobre o quadro, riscos, sinais, sintomas de alerta, que o paciente alega ter compreendido e não ter dúvidas".*

E quando o paciente não tem capacidade civil para decidir? Então, se o paciente é menor de idade ou adulto que não esteja em condições de fazer uso pleno de suas faculdades mentais, e estiverem em situação de risco, o médico deve fazer o que achar mais coerente para o caso.

Sobre a possibilidade de o médico se abster do atendimento diante da recusa terapêutica do paciente, não realizando os atos médicos, ou por atritos causados entre esta relação médico-paciente, impossibilitando a manutenção e a continuidade do vínculo estabelecido, e caso haja o rompimento da relação entre médico e paciente, ou quando houver conflito entre família e médicos, deve haver por parte do médico a imediata comunicação do Diretor Técnico, como nos ensina o art. 6º desta resolução.

Como nos ensina a leitura do livro COMENTÁRIOS AO CÓDIGO DE ÉTICA MÉDICA [12] explicando o artigo 36 do CEM:

> *"Para que esta desvinculação ocorra, é preciso antes que informe ao paciente sua intenção de não mais prosseguir como responsável pela condução do tratamento ou investigação, bem como garantir os meios para que o novo médico que venha a assumir o caso tenha disponíveis as informações necessárias à não ruptura das condutas até então adotadas. Até que isto ocorra, não pode simplesmente eximir-se de suas responsabilidades éticas e profissionais. "*

6.9. Resolução CFM nº 1.643/2002

(Publicada no D.O.U. de 26 de agosto de 2002, Seção I, p. 205)

> Define e disciplina a prestação de serviços através da Telemedicina.

O Conselho Federal de Medicina, no uso das atribuições conferidas pela Lei nº 3.268, de 30 de setembro de 1957, regulamentada pelo Decreto nº 44.045, de 19 de julho de 1958, e

CONSIDERANDO que cabe ao Conselho Federal de Medicina disciplinar o exercício profissional médico e zelar pela boa prática médica no país;

---

12 DANTAS, Eduardo. COLTRI, Marcos. COMENTÁRIOS AO CÓDIGO DE ÉTICA MÉDICA, 3ª edição, pág, 207.

CONSIDERANDO o constante desenvolvimento de novas técnicas de informação e comunicação que facilitam o intercâmbio de informação entre médicos e entre estes e os pacientes;

CONSIDERANDO que a despeito das consequências positivas da Telemedicina existem muitos problemas éticos e legais decorrentes de sua utilização; CONSIDERANDO que a Telemedicina deve contribuir para favorecer a relação individual médico-paciente; CONSIDERANDO que as informações sobre o paciente identificado só podem ser transmitidas a outro profissional com prévia permissão do paciente, mediante seu consentimento livre e esclarecido e sob rígidas normas de segurança capazes de garantir a confidencialidade e integridade das informações;

CONSIDERANDO que o médico tem liberdade e completa independência para decidir se utiliza ou não recomenda o uso da Telemedicina para seu paciente, e que tal decisão deve basear-se apenas no benefício do paciente;

CONSIDERANDO que o médico que exerce a Medicina a distância, sem ver o paciente, deve avaliar cuidadosamente a informação que recebe, só pode emitir opiniões e recomendações ou tomar decisões médicas se a qualidade da informação recebida for suficiente e pertinente para o cerne da questão;

CONSIDERANDO o teor da "Declaração de Tel Aviv sobre responsabilidades e normas éticas na utilização da Telemedicina", adotada pela 51ª Assembléia Geral da Associação Médica Mundial, em Tel Aviv, Israel, em outubro de 1999;

CONSIDERANDO o disposto nas resoluções CFM nº 1.638/2002 e nº 1.639/2002, principalmente no tocante às normas para transmissão de dados identificados;

CONSIDERANDO o disposto na Resolução CFM nº 1.627/2001, que define e regulamenta o Ato Médico;

CONSIDERANDO o decidido na sessão plenária de 7 de agosto de 2002, realizada em Brasília, com supedâneo no Parecer CFM nº 36/2002,

RESOLVE:

ART. 1º Definir a Telemedicina como o exercício da Medicina através da utilização de metodologias interativas de comunicação audio-visual e de dados, com o objetivo de assistência, educação e pesquisa em Saúde.

ART. 2º Os serviços prestados através da Telemedicina deverão ter a infraestrutura tecnológica apropriada, pertinentes e obedecer as normas técnicas do CFM pertinentes à guarda, manuseio, transmissão de dados, confidencialidade, privacidade e garantia do sigilo profissional.

ART. 3º Em caso de emergência, ou quando solicitado pelo médico responsável, o médico que emitir o laudo a distância poderá prestar o devido suporte diagnóstico e terapêutico.

Art. 4º A responsabilidade profissional do atendimento cabe ao médico assistente do paciente. Os demais envolvidos responderão solidariamente na proporção em que contribuírem por eventual dano ao mesmo.

ART. 5º As pessoas jurídicas que prestarem serviços de Telemedicina deverão inscrever-se no Cadastro de Pessoa Jurídica do Conselho Regional de Medicina do estado onde estão situadas, com a respectiva responsabilidade técnica de um médico regularmente inscrito no Conselho e a apresentação da relação dos médicos que componentes de seus quadros funcionais.

Parágrafo único - No caso de o prestador for pessoa física, o mesmo deverá ser médico e devidamente inscrito no Conselho Regional de Medicina.

ART. 6º O Conselho Regional de Medicina deverá estabelecer constante vigilância e avaliação das técnicas de Telemedicina no que concerne à qualidade da atenção, relação médico-paciente e preservação do sigilo profissional.

ART. 7º Esta resolução entra em vigor a partir da data de sua publicação.

Brasília-DF, 07 de agosto de 2002

EDSON DE OLIVEIRA ANDRADE
Presidente

RUBENS DOS SANTOS SILVA
Secretário-Geral

COMENTÁRIOS

O que é a telemedicina? O termo "tele" tem origem na palavra grega e significa "distância". Então podemos definir como sendo um tipo de comunicação audio-visual e de dados, que inclui monitoramento de pacientes, troca de informações médicas e análise de resultados de diferentes exames.

Qual objetivo da instituição da telemedicina? São três: assistência, educação e pesquisa em Saúde.

É permitido o uso da telemedicina no Brasil? Sim, a Telemedicina é regulamentada principalmente pela Resolução 1.643/2002 do Conselho Federal de Medicina e é considerada prática ética.

E Teleconsulta? É considerada prática ética? Posso fazer consulta médica por vídeo? Não. Não há nesta resolução a possibilidade de fazer consulta online, por vídeo ou sistema de dados.

É sempre importante lembrar do artigo 37 do Código de Ética Médica, que nos traz:

> *[É vedado ao médico] Art. 37. Prescrever tratamento ou outros procedimentos* ***sem exame direto do paciente****, salvo em casos de urgência ou emergência e impossibilidade comprovada de realizá-lo, devendo, nesse caso, fazê-lo imediatamente após cessar o impedimento.*
>
> *Parágrafo único. O atendimento médico a distância, nos moldes da telemedicina ou de outro método, dar-se-á sob regulamentação do Conselho Federal de Medicina. (grifo nosso).*

De acordo com o art. 4º da Resolução em comento, a responsabilidade pela escolha do meio de atendimento que garanta a integridade, a segurança e o sigilo das informações é do ao profissional ou instituição de saúde.

Quais os tipos de telemedicina permitidos? Esta resolução não trouxe claramente, porém, quando da pandemia do COVID 19, fora de forma temporária e excepcional falado em três modalidades, quais sejam: Teleorientação: para que profissionais da medicina realizem à distância a orientação e o encaminhamento de pacientes em isolamento; telemonitoramento: ato realizado sob orientação e supervisão médica p

Para monitoramento ou vigência à distância de parâmetros de saúde e/ou doença e teleinterconsulta: exclusivamente para troca de informações e opiniões entre médicos, para auxílio diagnóstico ou terapêutico.

6.10. Resolução CFM nº 1.851/2008

(Publicada no D.O.U. de 18 de agosto de 2008, Seção I, p. 256)

> Altera o art. 3º da Resolução CFM nº 1.658, de 13 de fevereiro de 2002, que normatiza a emissão de atestados médicos e dá outras providências.

O CONSELHO FEDERAL DE MEDICINA, no uso das atribuições conferidas pela Lei nº 3.268, de 30 de setembro de 1957, regulamentada pelo Decreto nº 44.045, de 19 de julho de 1958, e a Lei nº 11.000, de 15 de dezembro de 2004, que altera a Lei nº 3.268/57 e

CONSIDERANDO que o médico assistente é o profissional que acompanha o paciente em sua doença e evolução e, quando necessário, emite o devido atestado ou relatório médicos e, a princípio, existem condicionantes a limitar a sua conduta quando o paciente necessita buscar benefícios, em especial, previdenciários;

CONSIDERANDO que o médico perito é o profissional incumbido, por lei, de avaliar a condição laborativa do examinado, para fins de enquadramento na situação legal pertinente, sendo que o motivo mais freqüente é a habilitação a um benefício por incapacidade;

CONSIDERANDO o Parecer CFM nº 5/08, de 18 de abril de 2008;

CONSIDERANDO, finalmente, o decidido na Sessão Plenária realizada em 14 de agosto de 2008,

RESOLVE:

ART. 1º O artigo 3º da Resolução CFM nº 1.658, de 13 de dezembro de 2002, passa a vigorar com a seguinte redação:

"Art. 3º Na elaboração do atestado médico, o médico assistente observará os seguintes procedimentos:

I - especificar o tempo concedido de dispensa à atividade, necessário para a recuperação do paciente;

II - estabelecer o diagnóstico, quando expressamente autorizado pelo paciente;

III - registrar os dados de maneira legível;

IV - identificar-se como emissor, mediante assinatura e carimbo ou número de registro no Conselho Regional de Medicina.

Parágrafo único. Quando o atestado for solicitado pelo paciente ou seu representante legal para fins de perícia médica deverá observar:

I - o diagnóstico;

II - os resultados dos exames complementares;

III - a conduta terapêutica;

IV - o prognóstico;

V - as conseqüências à saúde do paciente;

VI - o provável tempo de repouso estimado necessário para a sua recuperação, que complementará o parecer fundamentado do médico perito, a quem cabe legalmente a decisão do benefício previdenciário, tais como: aposentadoria, invalidez definitiva, readaptação;

VII - registrar os dados de maneira legível;

VIII – identificar-se como emissor, mediante assinatura e carimbo ou número de registro no Conselho Regional de Medicina."

Art. 2º Esta resolução entra em vigor na data de sua publicação.

Brasília-DF, 14 de agosto de 2008

EDSON DE OLIVIERA ANDRADE
Presidente

LIVIA BARROS GARÇÃO
Secretária-Geral

COMENTÁRIOS

Venho percebendo que as dúvidas quanto ao excesso de emissão de atestado circundam o cotidiano médico. Dúvidas como: "Ele não precisa ficar afastado, mas está exigindo um atestado, o que eu faço?", "posso ao invés de emitir o atestado, pedir para a assistência social fazer uma declaração de comparecimento? ", "ele só precisou vir tomar uma vacina de sífilis e quer atestado para 1 (um) dia, mas não há necessidade visto que ele só passou 3 horas aqui no hospital e está apto ao trabalho"...

Os pacientes que trabalham em empresas, veem segurança no atestado médico. É a única forma em que ele fica livre de sofrer qualquer tipo de penalidade como por exemplo advertência, suspensão, desconto no salário ou demissão por justa causa, e além de tudo, têm a garantia de que não vão ter descontados o dia de salário pelo seu empregador. Além de tudo, atestado médico é direito do paciente, é extensão da consulta médica.

Quais minhas orientações como especialista no direito médico? Primeiro quero dizer que **FAZER UM BOM PRONTUÁRIO NÃO DEVE SER ENCARADO COMO PERDA DE TEMPO, MAS SIM COMO UMA AÇÃO PREVENTIVA**, ok? Então, ao emitir o atestado, não esqueça de mencionar no prontuário o que constou nele, e se possível anexar uma cópia.

Segundo, é essencial mencionar o provável tempo de repouso estimado necessário para a recuperação do seu paciente. Pode ser que ele precise ficar o dia inteiro sem voltar ao trabalho, mas pode ser que não. Seja coerente e verdadeiro no que você escreve no atestado.

O empregador pode conseguir comprovar por meio de uma junta médica que o profissional estava apto ao trabalho, e aí "bateria de frente" com o que você mencionou no atestado, caso você tivesse colocado que ele precisa de mais tempo que o que deveria. Claro que a medicina não é uma ciência exata e que cada profissional tem seu jeito de atuar, mas aconselho que a prudência seja essencial nesta hora. Não é raro conflito entre médicos-peritos e médicos-assistentes.

Na tentativa de resolução desse impasse, o Conselho Federal de Medicina (CFM) publicou duas resoluções: a nº 1.658/2002 e a nº 1.851/2008, disciplinando toda a emissão de atestados ou relatórios médicos. Da mesma forma que o médico-assistente tem total liberdade de pronunciamento no atestado médico, o médico-perito tem total autonomia para acatá-lo, ou não, baseado nos critérios legais, conforme o inciso 3º, do artigo 6º, da resolução do CFM nº 1.658/2002.[13]

13 http://portal.cfm.org.br/index.php?option=com_content&id=20650:atestado-medico

Aproveito para falar sobre o CID! Vocês sabem que CID é sigiloso e só pode ser mencionado no atestado quando o paciente solicita, não é mesmo? Então, para assegurar seu trabalho, aconselho, ao final, escrever: "Paciente autorizou menção do CID: ( ) SIM ( ) NÃO", ok? Fica mais prático e seguro.

Agora, leia com atenção este artigo 3º da resolução do CFM[14]:

> ***Art. 3º*** *Na elaboração do atestado médico, o médico assistente observará os seguintes procedimentos:*
>
> *I - especificar o tempo concedido de dispensa à atividade, necessário para a recuperação do paciente;*
>
> *II - estabelecer o diagnóstico, quando expressamente autorizado pelo paciente;*
>
> *III - registrar os dados de maneira legível;*
>
> *IV - identificar-se como emissor, mediante assinatura e carimbo ou número de registro no Conselho Regional de Medicina.*
>
> ***Parágrafo único.*** *Quando o atestado for solicitado pelo paciente ou seu representante legal para fins de perícia médica deverá observar:*
>
> *II - os resultados dos exames complementares;*
>
> *III - a conduta terapêutica;*
>
> *IV - o prognóstico;*
>
> *V - as consequências à saúde do paciente;*
>
> *IV - o provável tempo de repouso estimado necessário para a sua recuperação, que complementará o parecer funda-*

14 RESOLUÇÃO CFM n.º 1.658/2002 - (Publicada no D.O.U. de 20 de dezembro de 2002, Seção I, pg. 422).

mentado do médico perito, a quem cabe legalmente a decisão do benefício previdenciário, tais como: aposentadoria, invalidez definitiva, readaptação;

VII - registrar os dados de maneira legível;

VIII - identificar-se como emissor, mediante assinatura e carimbo ou número de registro no Conselho Regional de Medicina."

E o que acontece com o médico que faltar com a verdade nos atestados? Além de responder por prejuízos causados às empresas, ao governo ou a terceiros prejudicados, também está sujeito às penas da lei civil, penal, do CDC e do código de ética médica.

Por fim, como vocês já sabem, sou totalmente a favor da comunicação. Ao meu ver, a solução é ter uma conversa franca com o paciente para tentar resolver a circunstância, caso haja insistência por parte dele em mencionar o que você, médico, não acha prudente. O atestado deve ser emitido se solicitado, porém, seu conteúdo deve ser pautado na verdade e não no que o paciente pede.

6.11. RESOLUÇÃO CFM nº 1.638/2002

(Publicada no D.O.U. de 9 de agosto de 2002, Seção I, p. 184-5)

Define prontuário médico e torna obrigatória a criação da Comissão de Revisão de Prontuários nas instituições de saúde.

O CONSELHO FEDERAL DE MEDICINA, no uso das atribuições que lhe confere a Lei nº 3.268, de 30 de setembro de

1957, regulamentada pelo Decreto nº 44.045, de 19 de julho de 1958, e

CONSIDERANDO que o médico tem o dever de elaborar o prontuário para cada paciente a que assiste, conforme previsto no art. 69 do Código de Ética Médica;

CONSIDERANDO que o prontuário é documento valioso para o paciente, para o médico que o assiste e para as instituições de saúde, bem como para o ensino, a pesquisa e os serviços públicos de saúde, além de instrumento de defesa legal;

CONSIDERANDO que compete à instituição de saúde e/ou ao médico o dever de guarda do prontuário, e que o mesmo deve estar disponível nos ambulatórios, nas enfermarias e nos serviços de emergência para permitir a continuidade do tratamento do paciente e documentar a atuação de cada profissional;

CONSIDERANDO que as instituições de saúde devem garantir supervisão permanente dos prontuários sob sua guarda, visando manter a qualidade e preservação das informações neles contidas;

CONSIDERANDO que para o armazenamento e a eliminação de documentos do prontuário devem prevalecer os critérios médico-científicos, históricos e sociais de relevância para o ensino, a pesquisa e a prática médica;

CONSIDERANDO a legislação arquivística brasileira, que normatiza a guarda, a temporalidade e a classificação dos documentos, inclusive dos prontuários médicos;

CONSIDERANDO o teor do Parecer CFM nº 30/2002, aprovado na Sessão Plenária de 10 de julho de 2002;

CONSIDERANDO, finalmente, o decidido em Sessão Plenária de 10 de julho de 2002.

RESOLVE:

Art. 1º Definir prontuário médico como o documento único constituído de um conjunto de informações, sinais e imagens registradas, geradas a partir de fatos, acontecimentos e situações sobre a saúde do paciente e a assistência a ele prestada, de caráter legal, sigiloso e científico, que possibilita a comunicação entre membros da equipe multiprofissional e a continuidade da assistência prestada ao indivíduo.

Art. 2º Determinar que a responsabilidade pelo prontuário médico cabe:

I. Ao médico assistente e aos demais profissionais que compartilham do atendimento;

II. À hierarquia médica da instituição, nas suas respectivas áreas de atuação, que tem como dever zelar pela qualidade da prática médica ali desenvolvida;

III. À hierarquia médica constituída pelas chefias de equipe, chefias da Clínica, do setor até o diretor da Divisão Médica e/ou diretor técnico.

Art. 3º Tornar obrigatória a criação das Comissões de Revisão de Prontuários nos estabelecimentos e/ou instituições de saúde onde se presta assistência médica.

Art. 4º A Comissão de que trata o artigo anterior será criada por designação da Direção do estabelecimento, por eleição do Corpo Clínico ou por qualquer outro método que a instituição julgar adequado, devendo ser coordenada por um médico.

Art. 5º Compete à Comissão de Revisão de Prontuário.

I. Observar os itens que deverão constar obrigatoriamente do prontuário confeccionado em qualquer suporte, eletrônico ou papel:

a. Identificação do paciente – nome completo, data de nascimento (dia, mês e ano com quatro dígitos), sexo, nome da mãe, naturalidade (indicando o município e o estado de nascimento), endereço completo (nome da via pública, número, complemento, bairro/distrito, município, estado e CEP);

b. Anamnese, exame físico, exames complementares solicitados e seus respectivos resultados, hipóteses diagnósticas, diagnóstico definitivo e tratamento efetuado;

c. Evolução diária do paciente, com data e hora, discriminação de todos os procedimentos aos quais o mesmo foi submetido e identificação dos profissionais que os realizaram, assinados eletronicamente quando elaborados e/ou armazenados em meio eletrônico;

d. Nos prontuários em suporte de papel é obrigatória a legibilidade da letra do profissional que atendeu o paciente, bem como a identificação dos profissionais prestadores do atendimento. São também obrigatórias as assinaturas e o respectivo número do CRM;

e. Nos casos emergenciais, nos quais seja impossível a colheita de história clínica do paciente, deverá constar relato médico completo de todos os procedimentos realizados e que tenham possibilitado o diagnóstico e/ou a remoção para outra unidade.

I. Assegurar a responsabilidade do preenchimento, guarda e manuseio dos prontuários, que cabem ao médico assistente, à chefia da equipe, à chefia da Clínica e à Direção técnica da unidade.

Art. 6º A Comissão de Revisão de Prontuários deverá manter estreita relação com a Comissão de Ética Médica da unidade, com a qual deverão ser discutidos os resultados das avaliações realizadas.

Art. 7º Esta resolução entrará em vigor na data de sua publicação.

Brasília-DF, 10 de julho de 2002

EDSON DE OLIVEIRA ANDRADE
Presidente
RUBENS DOS SANTOS SILVA
Secretário-Geral

COMENTÁRIOS

Bom, inicialmente cumpre esclarecer que médico não pode expedir jamais documento sem que tenha sido ele o responsável por ter praticado aquele ato, ou pior, que não corresponda a verdade. É o que nos diz o artigo 80 do Código de Ética Médica. Porque? Configuraria crime de falsidade de atestado médico.

O livro Comentários ao Código de Ética Médica[15] faz um parêntese excelente "Caso tenha havido algum contato que possibilite ao médico obter as informações necessárias de modo fidedigno para a expedição do documento, não há que se falar em infração ética. Neste sentido o Conselho Federal de Medicina já se posicionou absolvendo médico que emitiu parecer baseado em recursos audiovisuais (Recurso CFM nº 3.669/2008) ".

Agora, quero passar algumas definições para vocês:

15 DANTAS, Eduardo. COLTRI, Marcos. COMENTÁRIOS AO CÓDIGO DE ÉTICA MÉDICA, 3ª edição, pág, 344.

O que é atestado médico? É a simples afirmação sobre um fato.

E laudo médico? Um parecer escrito, opinatório.

Relatório Médico? Um resumo do caso clínico.

Prontuário Médico? É p conjunto de documentos daquele paciente, incluindo exames, laudos, atestados, anamnese, etc.

E por fim, o que é a receita médica? É a prescrição de medicamentos.

É infração ética por parte do médico revelar conteúdo do prontuário de paciente a qualquer pessoa que não possui o dever de guardar o sigilo profissional. Porém, se o médico permitir que outrem que também tem dever de guardar sigilo acessar o prontuário, aquele profissional deve zelar pelo sigilo do mesmo.

Importante lembrar que o médico só pode ser responsabilizado quando ele efetivamente permitiu. Caso tenha havido omissão e outras pessoas tiveram acesso, o código é omisso. O prontuário fica com o hospital/médico/clínica, mas é de propriedade daquele paciente.

Existem ainda duas resoluções do CFM e uma Lei Federal sobre prontuários, caso queira se aprofundar no assunto: Resolução CFM 1.638/02 que trata de prontuário de papel, Resolução CFM 1.821/07 que trata do prontuário eletrônico e a Lei de nº 13.787/18 que trata do prontuário digital.

Quanto as Comissões de Revisão de Prontuários nos estabelecimentos e/ou instituições de saúde onde se presta assistência médica, como nos ensina o art. 3, sua criação é obrigatória e seus objetivos são de "fiscalizar" os itens que deverão constar obrigatoriamente do prontuário; se consta a identificação completa do paciente; se consta anamnese, exame físico, exames complementares solicitados e seus respectivos resultados, hipóteses diagnósticas, diagnóstico definitivo e tratamento efetuado; se consta a evolução diária do paciente; se a letra do profissional esta legível; e se constou as assinaturas e o respectivo número do CRM.